Max Wenzel

Der Stülpner Karl

Karl Stülpner und seine Gesellen

Max Wenzel

DER STÜLPNER KARL

Die Geschichte des erzgebirgischen Wildschützen

Herausgegeben
von Rosemarie Zimmermann

SACHSENBUCH

Bildnachweis: S. 2, 31, 119, 121 aus: Johannes Pietzonka, Karl Stülpner. Legende und Wirklichkeit. Leipzig 1992; S. 13, 43, 51, 55, 63, 71 aus: Sächsischer Volkskalender 1907, 1911–1914; S. 115: Steindruck von C. G. Rudolph, der Biographie von Carl Heinrich Wilh. Schönberg entnommen

ISBN 3-89664-009-7

© 1997 by Sachsenbuch Verlagsgesellschaft, Leipzig
Einband-Foto: punktum/Peter Franke
Innengestaltung: Jochen Busch
Gesamtherstellung: Druckerei zu Altenburg

MEINEM STÜLPNERBUCH ALS REISESEGEN

Wir Jungen im Städtchen waren in gewaltiger Aufregung. An den Straßenecken klebten gelbe, blaue und rote Zettel:

:•: **Gewerbehaussaal.** :•:

Fickers Marionettentheater.

Heute

Karl Stülpner
der kühne Raubschütz des Erzgebirges.

Großes romantisches
Schauspiel in 6 Akten.

Dann kam ein langes Personenverzeichnis. –

Das war eine Begebenheit! Wie wurden da Vater und Mutter bestürmt, sogar die Sparbüchsen ausgeräumt, um das nötige Geld für eine Einlaßkarte zu erlangen. Dieser Andrang an der Kasse, dieses herrliche lange Warten im dunklen Saal! Endlich wurden einige Petroleumlampen angezündet. Da sah man das Theater. Welche Geheimnisse mochte wohl der dunkle Vorhang bergen? Da legte sich auf einmal das erregte Stimmengewirr, die Töne einer Ziehharmonika erklangen und verbreiteten eine wehmütige Stimmung, die tragische Bühnenereignisse ahnen ließ. Dann schrillte ein Glöcklein durch den Saal, und mäuschenstill saßen wir, mit hungrigen, gierigen Augen auf die kleine Bühne starrend, auf der einige Stücke aus dem Leben unseres Helden vorgeführt wurden. Wir warteten glühend, ob unsere Lieblingstat erscheinen würde; geschah das nicht, enttäuschte das ganze Stück ein wenig. Aber befriedigt waren wir, erschüttert gingen wir nach Haus. Was dem Schweizer Schillers Tell, das war uns das ärmliche Puppenspiel.

Und wem galt die Begeisterung? Einem von den Gerichten unseres Landes strafrechtlich Verfolgten, für vogelfrei erklärten Fahnenflüchtigen und Wilddieb. Rümpft die Nasen nicht darüber, denn dieser »Räuberhauptmann« war kein bayrischer Hiesel, kein Schinderhannes, nein, o nein, er war eben – unser Stülpner-Karl.

Ein Jäger und Soldat, arm und niedrig geboren, als armer Teufel gestorben, aber ein ungewöhnlicher Kopf, ein Original. Trotz aller Versuchungen ein braver Kerl zu bleiben, eine glühende Liebe zu unserer erzgebirgischen Heimat bergen, ein freies Jäger- und Kriegerleben führen, den Kampf gegen die Tyrannei durchfechten, ein einzelner gegen eine Welt von Feinden, ein gerader Kerl mit einem Feuerblick, mit einer Eisenfaust und goldenem Herzen, der seiner alten Mutter die rührendste Sohnesliebe bewahrte, den die Fremde geheimnisvoll anzog, der aber immer und immer wieder heimkehrte, obwohl ihn Entbehrung und Verfolgung erwarteten – das war Karl Stülpner! Alle guten und weniger guten Eigenschaften unseres Volksstammes finden wir in ihm vereinigt, deshalb ist er unser Stammesheld, ein Stück von unserem Herzen.

Hie und da hängt sein Bild noch in einer Gaststube. Wir finden auch Begebenheiten aus seinem Leben im Bilde verewigt, auf dem Jahrmarkt wird sein Leben im Stile der Moritaten vorgeführt. Außer im Puppenspiel tritt er auch in einzelnen Theaterstücken hervor, die von Liebhabertheatern gern aufgeführt werden. Auch in die Literatur ist er geraten. Zu seinen Lebzeiten fand sich schon ein Biograph, Karl Heinrich Wilhelm Schönberg. Daraus schöpften spätere Bearbeiter, so vor allen Dingen Hermann Lungwitz in Geyer. Ein Paul Haar aus Sorau schrieb auf ihn ein langes Heldengedicht. Auch der Roman hat sich seiner Person bemächtigt. Gehört der von Eduard Milan mehr in das Gebiet des Hintertreppenromans, so hat unser lieber Kurt Arnold Findeisen Stülpners Wesen vertieft und aus dem schlichten Helden den Träger einer Idee gemacht und damit den einzigen Erzgebirgsroman geschaffen.

Mein Buch will nun weiter nichts, als von unserem Stülpner-Karl erzählen, wie wir ihn als Jungen sahen; und wie uns Alten ein Erinnern an ihn ein sehnsüchtiges Schauen in das verlorene Paradies der Jugend bedeutet!

IN DER HÖHLE DES WILDSCHÜTZEN

Schauerlich pfiff der Sturm über den düsteren Tann des Reitzenhainer Reviers. Er warf die spitzen Eisnadeln auf die schneebedeckten Äste, die des unholden Spieles müde, die glitzernden Dinger festhielten. In der Waldblöße blies er den Schnee auf, daß er wie im Wirbel stob und in dichten Wolken wehte. Die alten Fichten ächzten und stöhnten. Sie waren eine Menge gewöhnt, aber diesmal trieb es der alte Geselle doch zu arg. Aber je mehr sie knarrten, desto gellender lachte der Sturm, und er brüllte voll Tyrannenhohn: Hier bin ich Herr! Fort aus dem Freien!

Und alle Kreatur gehorchte stumm und zagend dem ungestümen Herrscher. Tief in die jungen Fichten verkroch sich das Reh, und wo die dicken Stämme stehen, die dem Sturme am meisten standhielten, kauerte sich der starke Sechzehnender und barg unwillig sein zottiges Haupt hinter einer Schneewehe. Auch der Rotfuchs, der erst hungrig herumgestrichen war, hatte den Ruf gehört und zog unwirsch nach seinem Bau: Heute war nichts zu machen, es war alles fort aus dem Freien!

Ein Teufelswetter war es, bei dem man keinen Hund vor die Tür stieß. Darum ruhte heute nacht auch alle Jagd, die gerechte und die wilde. Im Forsthause zu Reitzenhain saß der alte Förster und zog Schwaden von Qualm aus seiner mächtigen Tabakspfeife und war eigentlich froh über das Wetter – heute knallte im Busch kein wildfrevelnder Schuß. Heute kam auch kein böhmischer Wilddieb über die Grenze, obwohl sie es in letzter Zeit bunt genug getrieben hatten. Verteufelte Burschen mußten es sein. Seit langem blieb dem Förster kein Stück Hochwild mehr im Feuer. Der armselige Spießhirsch, den er dieser Tage geschossen, konnte seinen Ärger nicht dämpfen, denn die großen Stücke, die ihm wohl vor die Augen, aber nicht vor den Schuß gekommen waren, hatten andere geholt. »Pest, Hölle und Teufel über die Burschen!« knurrte er ingrimmig und schob seiner Alten den geleerten Zinnhumpen zum Frischauffüllen hin. –

Wenn er die gesehen hätte, denen sein frommer Wunsch galt! Sie waren in seinem Wald, den sie als den ihrigen betrachteten; allerdings an einer Stelle, wo der Teufel seine Jungen nicht suchte. Wer eine gute Nase hatte, roch dort so etwas wie Rauch, aber ganz dünnen, als wenn er siebenmal durch den Rauchfang gegangen wäre. Und wer Bescheid wußte, hätte an einer geringen Anhöhe, wohlverborgen durch Moos, Zweige und Schnee, eine kleine Falltür gefunden, die zu einem verlassenen Bergstollen führte. Ein paar in den Waldboden gehackte Stufen ging es hinab, dann kam der felsige Grund. Vier Schritte hin, da hing als Windschutz ein starker Vorhang. Aber kein stoffgewebter. Diese Decke hatte einst ein gewaltiger Hirsch als Leibrock getragen; sie hing schon lange hier, denn an einzelnen Stellen gingen die Haare bereits aus. Wer das Fell zur Seite schob, dem quollen behaglich Licht und Wärme entgegen.

Ein seltsamer Höhlenraum! Der Boden war mit Baumstämmen gedielt und dicht mit Fichtennadeln bestreut. Merkwürdig waren die Wände. Kostbare Tapeten verbargen den rohen Felsstein. Aber auch diese Tapeten waren stark und haarig wie die Eingangsdecke. Mancher Rehbock, auch hie und da ein Hirsch, hatten daran glauben müssen, um mit ihren Röcken diesen Raum schmücken zu helfen. Auch Kleiderhaken gab es, aber das waren einige Gehörne von Rehböcken und drei mächtige Hirschgeweihe. Daran hingen allerhand Sachen, die den Leuten, die solch geheimnisvolle Höhle bewohnten, nötig und nützlich sein mochten. Neben wetterfesten Röcken und Mützen gab es allerlei Gewehre, Messer, Jagdtaschen und Pulverhörner, sogar ein richtiger Hirschfänger hing dabei, wie ihn die hohen Jagdbeamten trugen. Licht und Wärme gingen von einem Herde aus, der das Erdloch recht behaglich machte. Die Höhle schien ein längerer Gang zu sein, jedenfalls lagen weiter hinten die Vorräte der Höhlenbewohner. Um den Herd herum gab es Lager aus Heu, Stroh und warmen Fellen. Darauf lagen drei Gestalten, die mächtigen Tabaksqualm ausstießen und von Zeit zu Zeit nach der Rumpulle griffen, die, allen erreichbar, auf dem Fußboden stand. Ein leckerer Duft von gebratenem Wild zog noch durch den Raum, die letzten Reste eines Rehrückens wurden eben von den drei Hunden, zwei Dackeln und einem Vorsteherhund, zermalmt.

Alles in allem, das sah ein jedes, diese Höhle mußte als Unterschlupf von Jägern dienen. Da aber die Heimlichkeit und Verstecktheit in allen Stücken gewahrt wurde, so hatte man wohl Ursache, das Licht des Tages zu scheuen. Die hier hausten, waren Wilddiebe, oder wie sie sich selber lieber nannten, Wildschützen. Sie fühlten sich in ihrem Versteck recht behaglich. Mochte es ein paar Tage wettern, sie hieltens aus. Wie der Hamster in seinem Bau für den Winterschlaf, so hatten auch die Weidgesellen vorgesorgt.

Der Hühnel-Seph aus Reischdorf war gerad beim Erzählen. Er war grau und verwittert, ein wenig verwachsen. Daß er etwas kleiner war als seine Genossen, hatte ihm den Spitznamen »das Hühnel« eingebracht. Er erlebte immer mehr als die anderen, und seine Geschichten hatte er so oft erzählt, daß er selbst dran glaubte.

»Satziger, du glaubst mirs net, aber ich habs selbst erlebt. Du kennst doch den Törichten See. Weißt schon, wos von Satzung nach Jöhstädt geht. Leut, Leut, ihr erlebt bloß nichts, weil ihr die Augen net offen habt! Weißt noch, als wir das Krumbhorn[1] geschossen hatten, der Seller in Basberg[2] hatt's kauft beileifig, da kam ich nachts zu dir, du warst net zu Haus. Also ich war net weit vom See, mer roch ihn halt schon. Wie lauter Moder und Leichen hatt's gestunken. Ein heller Vollmondschein ist gewesen, die paar dürren Kiefern haben recht grauslich dreingeschaut. Und das rotklumpete Moos auf dem See hat halt gesehen wie geronnener Schweiß[3]. Ich lauf recht rasch, daß ich aus der eirischen[4] Gegend herauskam, da hör ich von hinten was kommen. Heiliges Blut! denk ich und lauf einen Schritt rascher. Da kommt's ran! Ein Reiter, stahlblau von oben bis unten, und an der Hirschfängerseite hat er ein Messer hängen, das hat nur so geblitzt im Mondschein. Auch das Pferd, Gott soll mich strafen, war blau, kitzblau von oben bis unten; der Sattel blau, die Riemen blau.« –

»Su ein Schwindelmeier«, knurrte der Satziger dazwischen. Aber das Hühnel ließ sich nicht stören: »Blau, wenn ich dirs sag, blau wie deine Nos, Satziger! Und auf dem Kopf hat der Reiter einen Kranz gehabt von lauter Schilf. Das Pferd hat gewiehert, nein, gegurgelt, möcht ich sprechen, es klang wie ein Wasserfall. Und in der Hand hatt der Mann eine lange Weidenrute! Ich, in meiner Herzensangst, mach drei Kreuze, immer nacheinander. Da hielt der Reiter auf ein-

---

1 Krummes Horn, ein Hirsch mit mißgestaltetem Geweih; 2 Sebastiansberg;
3 Jägerausdruck für Blut; 4 furchtsam, unheimlich

mal an. Karl, ich sag dir, als der Hansgörgenstädter Oberförster seine Büchs auf mich anlegte, ist mir net so gewesen wie da. Der Mann war aber halt ganz betulich. Er hat gesagt: ›Hab keine Angst, Hühnel, du könnst mir einen großen Gefallen tun. Du kennst doch hier alle Weg und Steg, du könntest halt so freundlich sein und mir den Törichten See einmal zeigen.‹ -

›Natürlich‹, hab ich gesagt, ›mit dem größten Vergnügen, Herr Blaureiter.‹ Und ich bin halt mitgegangen. Da hat mir natürlich die Neugierd keine Ruh gelassen, und ich hab ihn gefragt, das wißt ihr ja beileifig auch, daß ich mich halt vor keinem Teufel nicht fürcht: ›Was wollen der Herr denn am Törichten See, haben's halt Geschäfte dort?‹ Da hat er angefangen zu erzählen: ›Hühnel‹, sagte er, ›ich bin halt ein Nix. Ich hatt ein schönes Schloß und eine schöne Frau, im Egerland, in einem großen Teich. Da ist halt eines Tages ein fremder Nixerich gekommen, hat mir meinen Wein weggetrunken und meinen Schinken weggegessen und mir obendrein mein schönes Weib noch gestohlen. Ich bin nun gleich nach, und gestern hab ich erfahren, daß der Nixerich im Törichten See wohnen tut. Dem werd ich halt meine Meinung mal sagen.‹ – ›Natürlich‹, hab ich gesagt, ›das kann ich Euer Genaden net verdenken.‹ Wie mer an den See gekommen sind, hat er mir sein Pferd zum Halten gegeben und ist haste was kannste, 'neingesprungen. Ich sag euch, dann gings aber los. Das hat gegrunzt und geunkt in dem See, dann hats gebrüllt und gegauxt, mir ist angst und bange geworden. Das ganze Wasser ist blutrot gewesen, und auf einmal taucht der Blaue auf und hat ein schönes Frauenzimmer im Arm. Das hat er behutsam hingelegt. Dann sagte er zu mir: ›Hühnel, ich hab meine Frau wieder. Und weil du mir so angenehm und gefällig warst, will ich dir halt was schenken. Hier hast du einen Beutel, so oft du hineingreifen wirst, wird was drin sein!‹ Und weg ritt er.«

Da schlug der Satziger eine dröhnende Lache auf und auch der dritte Genoß pfiff vor Vergnügen durch die Zähne. »Du en setten Galdbeutel? Da brauchst du nimmer auf die Freijagd zu giehe.«

»Ich hab ihn net mehr«, sagte das Hühnel betrübt. – »Das konnt ich mir denken«, lachte der Satziger, »wenn du eine Lüge beweisen sollst, do fahlts am Nötigsten! Wo ist denn der Beutel hiegekomme?« Das Hühnel war geknickt, das sah man ihm an, aber schon blitzte ihm auch der Schalk aus den Augen. »Das kannst du dir net denken, Satziger? Na, Leut, Leut! Ich wollt dich doch holen in Satzung. Und weil ich dich net fand, bin ich halt mal in die Schenk hineingegangen. Da hat einer den Beutel gesehen – und, wie's bei euch so Mode ist, es hat net lang gedauert, da war mein Beutel verschwunden! Aber der bei mir gesessen hat, ist ein Einheimischer gewesen, denn er hat halt das R geschnurrt wie ein Spinnrad!«

»Was, du Reischdorfer Hühnel, du willst etwa mein Satzung verhuhnibeln, dos gibt's net! Wir schnurren überhaupt ka Rr!« fuhr der Satziger auf, wußte aber in dem Augenblick sicher nicht, daß er wirklich das R mit der Zunge schnurrte, daß es nur so rollte. Da war das Lachen der anderen beiden, und das Hühnel verschluckte sich beinahe, als es den Satziger noch eins anhängte: »Net wahr? Mein Vater schnurrt, meine Mutter schnurrt, närr ich rred gerrod rraus!« Jetzt wurde es gefährlich. Der Satziger stand vom Lager auf und wollte sich auf das Hühnel stürzen. Aber da erhob sich auch der Dritte. Ein baumlanger Kerl, reichlich dreißig Jahr, mit hoher Stirn und krausem Haar und die Augen funkelten wie Feuerlichter. »Dos wär dos Neueste!« und packte den Satziger, daß der sich gleich wieder auf seinem Lager kugelte.

»Ihr sollt euch vertroogn! Sonst fliegt ihr alle beede naus!«

Daran schien den beiden Kämpen gar nichts zu liegen, sie mucksten noch eine Weile, dann wollte das Hühnel eine neue Geschichte anfangen. Aber da kam ihm der Satziger in die Quere: »Fang nicht wieder mit dein Quatsch an! Ich wüßt was Besseres! Jetzt erzählt mal jeder, wie'r sein ersten Rehbock geschossen hat.« Das Hühnel war gleich dabei und wollte gleich erzählen, aber der Satziger bestimmte: »Ruhig biste! Der Karl fängt an!« Der mit Karl Angeredete ließ erst auf sich warten. Er zog an seiner Pfeife, als dächte er nach, und sein Schweigen machte auch die Genossen stumm. Endlich begann er: »Da muß ich zeitig anfange. Ihr wißt doch, ich bin e Scharfensteiner Kind. Geleich bei der Brück wuhnt mei Mutter. Mei Voter, Gott hoo ne salig, war e Müllersbursch. Drhaufen Verdienst war aah net do, un noch drzu wur er krank, 'r hatts of dr Brust. Mannichsmol wenn ich in dr Nacht vu drham träum, do is mer, als höret ich ne esu racht schmerzhaft husten. Un dann is mer, als wür e Nachtlicht aagezünd un mei Mutter tät an Ufen hantiern un Tee warm machen. Er hats auch net lang getriebn. Ich war kaum acht Gahr, do log'r unner der Erd. Damals mußt ich nach Olbersdorf in der Schul. Viel log mer net draa; viel lieber machet ich draußen rüm, när Wald, Wald, Wald! Vugelstelln un Eichhörle fange, Eidechsen un Blindschleichen ehemschleppen, war mei ganzes Labn. Wie emol ofn Scharfenstäner Schloß e alte Rumpelkammer ausgeräumt wur, do war aah e alte Flint. Die wollten se wagschmeißen. Do hoo ich oder esulang gebattelt, bis se mer dos alte Kuhbää ließen. Dodermiet bie ich nu draußen rümgestrichen. 's muß racht olber gesah hobn, ich kläner Maa mit der grußen Büchs. Schießen konnt mer net dermiet, oder ich hoo mich gedächt[1], als wär ich dr Forstmäster salber.

Nu hatt mei Mutter en Pothvetter in Ehrndorf[2], dar war e Förschter. Wie dar emol bei uns spaziern war, do hoot'r nu dos ganze Elend gesah, daß die paar Kreuzer, die mei Mutter mit'n Klippelsack[3] verdiene tat, für zwä Leut hinten un vorne net ausreicheten. Wie'r drüm freeng[4] tat, öb ich net miet nooch Ehrndorf ins Forsthaus wollt, do war mei Mutter fruh, un ich erst racht. Ich bie of dan ganzen Wag mehr gehuppt wie geloffen. – Do fällt mer gerod noch ewos ei. Wie mer dorch Drebach marschiereten, trofen mer ofn Drabacher Pfarrer, ne alten Magister Koch. Dar blieb traten un tat men Pothvetter aareden: ›Nun, Herr Förster, Ihr habt Euch wohl einen Gehilfen geholt?‹ ›Nu, Herr Magister, 's wär kä schlechter Gedank!‹ saat mei Pothvetter. Dann saat dr Pfarrer zu mir: ›Na, da werd' nur ein recht guter Schütze!‹«

Da fiel das Hühnel ein: »Nun, Karl, hat's net zugetroffen? Der Pfarrer hat halt bissel wos gewußt.«

»Nun könnt ihr euch denken, wie mir doderbei gewurn is. Ich hoo mein Pothvetter geleich gefrogt: ›Is wahr, Herr Vetter, ka ich Euch a bissel halfen?‹ Do hoot'r när gesaat: ›Dos werd sich finden!‹

Ich soog euch, das Labn in den Forsthaus war esu ganz nooch mein Geschmack. Gewehr putzen, de Hund füttern, das kam zeerscht. Dann nahm mich mei Pothvetter mit naus in Revier. Dar hoot mich aufpassen gelarnt! Wie'r merket, doß ich mich net esu dumm aalieẞ,

---

1 gedünkt; 2 Ehrenfriedersdorf; 3 Klöppelsack; 4 fragen

Ehrenfriedersdorf, St. Niklaskirche

krieget ich aah e lechts Gewehr un durft hie un do emol en Schuß tue. Nu war's emol an en Sonnohmd. Der Förster war in Annaberg in Rentamt; do kam er immer net esu zeitig wieder; der Forstgehilf war nach Geyer zu seiner Liebsten. Ich war abn drüber, mich naus an unnern Vogelherd ze machen, dä der bracht mir un ne Förschter en manning[1] Grosch ein. Do kimmt of emol e setter Diener von Schloß un richt aus, es müßt sofort e Rehbock geschossen wärn, 's käme en Haufen Gäst ofs Schloß. – Un niemand drham!

Ich hoo mersch nu hie un har überlegt. Hinnern Greifenstä, bein Greifenbach, do tat e starker Bock wachseln, dos wußt ich. Do reit mich Gung dr Teufel; 's Gewehr von dr Wand, Kugelbeutel un Pulverhorn, un naus gings. 's fing gerod ze dämmern aa. Zeerscht bie ich gerodnaus gerannt; wie ich oder drüben nonner kam, hoo ich langsam gemacht. Endlich war ich dorten an der Waldblöß, wu der Wachsel war. Ich machet mich esu weit naa wies ging un stand nu aa. E Reh machet drüben vrbei, dann noch äs –, se hobn mich oder net weißkriegt. Mei Bock ließ racht lang of sich warten. Eine Ruh war dort, un mir wur aah ganz duselich. Ich gelaab, mir warn gerod de Aang e fünkel zugefallen, do schrecket ich auf. Drübn war 'r rausgetraten. Schmal, schwarz un huch un über sen Kopp tats ganz hall funkeln. Drhem in Forsthaus hing e Bild, wie e Gager en Hersch schießen will un sieht of emol zwischen Gehörn e grußes silbernes Kreuz. Esu war mir aah zemut. Ich dacht net annersch, als dos Glänzige wär aah e setts silbernes Ding. Oder dos verlur sich mit dr Zeit.

Ich hoo mich zesammgerissen. De Flint huch, eigezugn, zieln un abdrücken war äs. E Feuerstrahl fuhr über dos grüne Gros weg. Der Knall kam dreimol wieder. Ich, de Flint waggeschmissen un mit zwä Sprüng hie zu men Bock. Er war geleich in Feuer gebliebn. E Blattschuß wie a alter Gager. Ich konnt net annersch, ich hoo erscht dreimol ›Juhu‹ gebläkt. Wie ich oder das Tier esu aasohg, do wur mir ganz narrsch zemut. Ich hätt in dan Aangblick sinst ewos gegabn, wenn dos Tier wär wieder lebendig wurn. Un, war dos net sonderbar, geleich mußt ich denken: Do wolln nu die Herrschaften in Scharfenstä Wildbroten assen, geleich muß ich raus, muß zen Mörder warn, un e setts Tier muß starbn – alles när wagn de Grußen.

1 manchen

Nu oder dos Viech fortschaffen! Ich Gung hätts net fortgebracht. Do hoo ich geschriern un geruft un endlich kam ener, dar von Stäbruch kam. Do hobn mir mitenanner dan Bock ehamgebuckelt. Der Maa konnt sich oder net soot wunnern, doß ich dos gewasen sei sollt.

Ich hatt nu bluß noch Bedenken, wos mei Pothvetter dozu soong wür. Ich dacht gewiß: Der werd sich oder fräe[1].

Üm neune rüm kam er wieder. Dr Stollberger Förster war derbei. Se hatten sich in Annaberg getroffen, un dr Stollberger wollt in Ehrndorf über Nacht bleibn. Der Bock hing in Vorhaus, so daß ne dr Förschter geleich sahe mußt. Er sohg ne aah geleich. Oder dann gings lus. Er bläket, dan Saugung müßt mer eisperrn, ene Tracht Prügeln sollt ich krieng, nie wieder in Wald sollt ich dürfen un esu fort. Der Stollberger Förschter war erscht ganz vernaalt[2]. Dann hoot er oder mein Pothvetter ne Kopp zerachtgesetzt. Er sollt sich doch fräe, daß sei Pflegling schu mit acht Gahrn en setten Kapitalbock geschossen hätt, un er brachts aah fertig, daß sich der Pothvetter beruhiget. Ja, ich hoo sugar von Stollberger Förschter an blanken Gulden kriegt. Mei Pothvetter hat mich ene Zeitlang vu der Seit aageguckt, oder schließlich ließ er mir de Flint öfters nahme; un was ich noch an Schießen zu lerne brauchet, dos hoot er mir beigebracht.«

Die Zuhörer freuten sich, sie waren stolz, daß ihr Karl als Junge schon solche Heldenstückchen vollbracht hatte. Der Satziger sah mit einem Blick über die ganze Wilddiebsherrlichkeit der Höhle und meinte dann nachdenklich: »Wie ist das nu gekomme, daß du net als Gehilfe bei dein Pothvetter geblieben bist?«

Es war, als wenn ein leises Stöhnen durch die Höhle ging, als Karl weiter fortfuhr: »Zwä Gahr bie ich in Ehrndorfer Fortshaus geblibn. 's war ene schiene Zeit. Do kame de Hungergahr[3]. Mei Mutter wußt net aus noch ei. Un schließlich kam se un hulet mich wieder; se menet, ich wär nu gruß genung un ich könnt ihr e bissel miet zur Hand giehe un ze labn harschaffen. Do mußt iech miet. Oder: gelabts oder gelabts net, ich hoo als Gung vu zah Gahrn Holz gerückt wie ein Alter. Un wos mei Wald hergob an Pilzen un Beer un Kraut, dos hoob ich reigeschafft. Natirlich, die paar Grußen hobn nischt vu Nut

---

1 freuen; 2 vernagelt, verblüfft; 3 1771 und 1772

un Hunger gespürt, die hatten alles in Hüll und Füll! Wenn mir zu der Zeit net verhungert sei, dos kaa ich mir gutschreiben. De Hauptsach war dabei: ich war immer in mein Wald. Und wie ich emol ne Schloßgager mit ener Huck Hasen ne Barg nauf machen sah, do wußt ich, wos ich wollt. Von mein Vater war noch e Flint do. Die wur rägemacht, un eines Tags, do knallets draus, un e Hasel war tut. Dos war mei erschtes Freiwild. Un 's hoot mir un meiner Mutter genau esu geschmeckt, als wenn wir ofn Schloß eigeloden gewasn wärn. Mei Mutter wollt erst net, oder schließlich – der Hunger treibts nei. Wie ich emol Blut gelackt hatt, ging dos Ding weiter. An Fleesch hatten wir kene Nut mehr. Ich bin drüm aah bei meiner Mutter geblibn, wie ich in der Großolbersdorfer Kerch konfirmiert wurn bie. Ich hob mich kener Arbeit gescheut, un wos mir sonst noch braucheten, dos hob ich mer aus'n Wald gehult.«

»Und dann bist du zu de Soldaten komme?« erkundigte sich der Satziger.

»Soldaten!« Seine Stimme bebte ingrimmig. »Ich war noch net zah Toog alt, hatt ich's schu mit de Soldaten ze tue. Ich bie anno 1762 geburn, wie gerod dar Krieg war, wu mer bal siebn Gahr de Preußen in Land hatten. An en Ohmd – mei Vater war noch in der Mühl –, kimmt e Trupp Schwarzer Husaren in unner Häusel un reißt mei Mutter of Tud un Labn raus, se sollt se of Zschopau führn. Mei Mutter war kaum en Toog aus'n Wochenbett. Es half oder alles nischt, se mußt abn miet fort. Die Husarn ließen net emol zu, daß se mich bei de Nachbarsleut nümschaffet, nä, 's ging abn fort. Zon Ugelick hatt oder mei Mutter naß Reisig ofn Ufn gelegt, das trocken warn sollt. Se war noch net lang naus, do fing dos Zeig aa ze glimme, un es wur ein Raach in dr Stub, immer dichter un immer dichter. Wie mei Mutter in der halbn Nacht wiederkam, war se net garschtig drschrocken! Lang hätt se net mehr ausbleibn dürfen, da wär ich erstickt. Ich hob mei Labtag net viel Gutes von der Soldaterei gehatt!«

Er richtete sich heftig auf und langte nach der Flasche, als wenn er einen großen Grimm hinunterspülen wollte. Haßvoll klang es, als er dann den Satziger anschrie: »Satziger, wie häßt der Thumer Gerichtsdirektor?« »Günther häßt er, Karl, reg dich net auf, dar kimmt schu noch emol vir deine Flint!« suchte ihn der Satziger zu beruhigen.

»Günther! Als ob ich den Name vergassen könnt: Hühnel, wenn du dich bei mir eikratzen willst, do sog mir dan Name jeden Toog dreimol, zer Frühsupp, ze Mittog un an Ohmd, daß ich dan ja net vergaß! Der Lump! Meiner Mutter ihr enziger Verdiener, der mußt fort, un de Gunge von de reichen Bauern, die bliebn derhem. Do ging dr Vater emol ofs Amt, und wenn er dort naus war, hatt'r aus Versahe e paar Dukaten lieng lossen – schu war der Gung frei von Dienst. Ich war noch net sachzehn Gahr alt, do krieget ich Ordre. Mei Mutter is geleich zu dan – Günther gange, nischt gobs, Befehl wär Befehl. Ich hob ne bald fußfällig gebaten, meiner Mutter ne Ernährer net wagzenahme –, ausgelacht wur ich noch! Wenns ellä wagen mir gewasen wär, do mochts sei, es sollt gerod wieder Krieg sei, dos passet mer gerod; wenn när mei Mutter net gewasen wär. Na, kurz un gut, ich machet of Drasen[1], un kam zon Train. Dos tat mich e bissel argern, daß ich net emol e Flint krieget. Oder meine Pfaar warn in Ordnung, do könnt ihr Gift draufnahme. Ich hatts auch gut. Mit de Kameraden hob ich mich vertrogn un de Korporäl hatten nischt an mir auszesetzen. Dos Ding machet sich. Un dos bissel Krieg![2] Mir sei nach Böhme nei, 's is oder zu gar kener Schießerei gruß gekomme. Von dan vielen Ardäppeln[3], die mer gassen hobn, hoot dar Krieg eitel när der Ardäppelkrieg gehäßen. 's tat net dauern, warn mer wieder in Drasen.

Mei Mutter dacht nu, ich wür nimmer gebraucht un machet sich wieder of Thum. Der Herr Gerichtsdirektor konnts net befürworten, daß ich frei käm. Er hoot sugar zu meiner Mutter gesaat: ›Der Kerl mag nur unter der Fuchtel bleiben, da bringt man ihm wenigstens Subordination bei!‹ Ich hob mein Rittmeister – Zirkel hieß er, 's war e feiner Maa – die ganze Sache klargestellt. Er saat, er könnt mich net freilossen. Do is mei Mutter salber nooch Drasen gefahrn un hoot mit'n geredet – un saht emol aa – do gings. Ich wur entlassen un konnt mit meiner Mutter eham nach Scharfenstä. Na, ich dacht: nu wird alles gut. Ich hob mir Arbeit gesucht un bie in Wald gange.

Ich weß net wie dos war, oder mir wars e mannichsmol, als wenn mirs de Flint mit Gewalt in de Händ drücken tät. Un Schieß en konnt

---

1 Dresden; 2 Bayrischer Erbfolgekrieg; 3 Kartoffeln

ich wie dr Teifel. Ich wur auch do un dorten emol ze ener Gagd eigeloden, abn weil ich esu gut schießen konnt. Do kam ich aah emol nooch Thum un lief ne Gerichtsdirektor in de Händ. Dar mich sahe un sprachen: ›Nun, Mosjö, was macht Er denn hier? Hats Ihm nicht beim Kommiß gefallen?‹ Mich packet geleich der Gift, oder ich saat: ›Die warn uhne mir auch fertig, Herr Gerichtsdirektor, ich bie doderhie nötiger wie in Drasen, wenigstens hoot mei Herr Rittmeister auch esu gedacht.‹ Do wur er ganz grün un saat: ›Es ist noch nicht aller Tage Abend, Mosjö!‹ Ich dacht oder: dir kann nischt passiern, dä 's war ene Verordning komme, daß der änzige Sohn vu ener Witfrau net ausgehubn warn konnt.

Es mocht kaum e Vertelgahr vergange sei, sitz ich emol ohmd bei meiner Mutter in der Stub un denk an nischt Bieses. Do klingts of emol of dr Stroß draußen wie marschiern, dann kommandierts: ›Halt! Rührt euch!‹ Ich gieh ans Fanster un sah vir unnern Häusel e Kommando Soldaten, Weißröck von Regiment Prinz Max in Chemnitz, mir saaten när ›Mahlwürmer‹. Ich dacht: Dir gieht dos nischt aa. Do gieht de Tür auf un e Korporal kimmt rei un spricht, er wollt mich abhuln zon Regiment. Ich war natirlich wie aus'n Wolken gefalln un hatt gar kä Lust, mitzegiehe. Do griff der Korporal nooch sein Stacken un brüllet mich aa: ›Räsonnier Er nicht! Sonst werd ich Ihn zur Räson bringen!‹ Er hatt bluß en Griff nooch sen Stacken geta, do hatt ich aah schie mei Flint von Haken gerissen un stand dort: ›Stock weg, oder ich war mir Ruh verschaffen! Dos Ding hier ist gelodn.‹ Mei Mutter jammret drzwischen nei: ›Karl, schieß fei net!‹ Ich ließ mich oder net irr machen. ›Wer hat befohln, doß ich abgeholt warn soll?‹ Do zeiget der Korporal de Ordre her, die der Gerichtsdirektor Günther unnerschriebn hatt. Na, 's half abn nischt, ich mußt miet fort.

Der Korporal war net der Schlachtste. Ich konnt erst mit meiner Mutter alles bereden, er ging derweile mit sein Soldaten in Gasthuf. Üm elfe in der Nacht hob ich mich bei ne gemeld. Ich durft oder gar net an mei Mutter denken. Die log drhem ofn Bett un heilet grod naus. Na, in Gasthuf die Kameraden warn freindlich, ich krieget ze trinken, un se hatten aah schu für mich e Strohlager zeracht gemacht. Nabn mir log ener, dar fing e Unerhaltung aa. Er mänet, ich wär dumm gewasn, daß ich mich net freiwillig gemeldt hätt, do hätt ich zewingst¹ meine fünf Speziestaler Werbegald kriegt. Ach, dos war mir alles su egal, ich mußt när immer dra denken, daß mei Mutter nu wieder bei de Bauern mußt. Kä Aag hob ich zugetaa.

Do fiel mir dos Werbegald wieder ei. Dos ging mir in Kopp rüm. Die ganzen Weißröck schliefen un schnarcheten, es klang wie in ener Sägemühl. Wenn ich ewos will, do giehts bei mir fix, do werds aah gemacht. Aufstiehe, zon Saal naus, un fort! Dan Wag nach Chemnitz kannt ich besser wie der Korporal. Früh üm achte stand ich in der Prinz-Max-Kasern un wollt zon Werbeoffizier. Se führten mich nei zon Hauptmann von Gundermann. Dar gucket net garschtig, wie er mich lange Karl sah. Im Nu war ich eigeschriebn, krieget meine fünf Toler un wur eigekleid!

Ich hatt gerod de Uneform zon ersten Mol aa, do kam ener gespritzt, ich sollt geleich zon Hauptmann komme. Mir ahnet schu nischt Gutes. Richtig, wie ich neikomm, stieht mei Korporal drinne mit en Gesicht wie e Krabs esu rut. Nu ging ein Dunnerwatter lus, war weß wie lang. Daß ich Spießruten laafen sollt, war noch 's wingste. Ich hoo ne erscht austoobn lossn. Dos hatt ich schu in Drasen gelarnt: När net neireden bein Militär, dos hält die Sach bluß auf! Wie ich nu dacht, dr Odem wär ne ausgange, hoo ich agefange: ›Halten zu Gnaden, Herr Hauptmann!‹ Un nu hoo ich ne alles gesaat, wos ich ofn Herzen hatt. Wenn ich hätt desertiern wolln, do wär ich doch net ehrer komme wie dos Kommando. Ich hobs aah gesaat von Günther un daß de arme Luder zeerscht dra glaabn müßten. Dos schien'r alles eizesahe. Un wie ich nu noch afing, daß die fünf Toler für meine Mutter wärn, do hott'r sich nümgedreht. Noch heut loß ich nischt of dan Maa komme! Ich konnt wieder giehe, bestroft wur ich net, sugar mit dan Korporal bie ich of guten Fuß komme.

Alles wos racht is, ich hatts racht gut in Chamntz. Meiner Mutter hob ich die fünf Toler geschickt, dann hörts oder auf, dä die paar Gammerpfeng, die's Löhnung setzet, die ginge für Ton un Putzzeug auf. Für mich hob ich ken Haller vertaa. Wenn kä Dienst war, bie ich naus in Wald geloffen. Ich hatt mer aah en klen Vogelherd agericht, un e mannicher Hamflich, Stieglitz un Grünerz² is nei nach Chamntz komme.

1 wenigstens; 2 Kreuzschnabel

Nu hatten unnere Offizier net weit vu dr Stadt e Gagd gepacht. Do war ich aah e mannichsmol rümgeloffen un hatt esu mannichs gesah. Wie wieder emol Gagd war, fasset ich mer a Harz un tat ne Hauptmann von Gundermann bitten, er sollt mich emol mietnahme. Von da aa bie ich immer mit naus un 's traf sich auch, daß die ganzen Harrn nischt geschossen hatten, un ich bracht mei Wilbert[1] eham. Do nahme se's net mehr su genau; wenn se en Broten braucheten, ließen se mich allä giehe. Daß ich do mein Maa gestellt hob, dos könnt'r euch denken. De Offizierskuch hatt in ihrn ganzen Labn net esu viel Wilbert ze sahe kriegt wie in darer Zeit. Reh, Hirsch un Hosen, Hühner un Fasane – alles gobs. Un ich war auch zon Fischen net ze faul, e mannichs Schock Forelln hob ich ogeliefert. Ich stand mich net schlacht drbei. De Fäll konnt ich behalten un verkaafen, die warn meine. Do konnt ich meiner Mutter zewingst immer emol e paar Toler zustecken.

Wild gobs zu darer Zeit! De Bauern warn heilfruh, doß ich emol rene Wertschaft machet, die hätten ken Scheffel Korn ehemgebracht. Nu wißt'r doch, wies is. Mar kaa doch net an der Grenz tratn bleibn, wenn in annern Revier e starker Hirsch stieht. Die Viecher kenne doch aah kene Grenzen, die laafn hie, wu se wolln –, när de Menschen machen sichs esu schwer. Wie dar liebe Gott de Hirsch un Reh geschaffen hoot, hatt'r ken en Stempel draufgebrannt, wu ze lasen is: Dar gehört ne Harrn Schönbarg un dar gehört en Herrn von Einsiedel. Un dos war mei Grundsatz immer: wu ich hiekam, do war der Wald mit alln wos drinne label meine un ken annern. Ich hob oder alles nooch Chamntz abgeliefert un e manning Grosch Trinkgald kriegt.

Aah Urlaub hatt ich satt genung. Do bie ich stolz un gruß in meiner weißen Montur rümgestiefelt un de Määd warn net garschtig hinner mr har. Ich bie aah in Scharfenstä of de Gagd gange, daß ich allemol ewos von Urlaub mit nach Chamntz bracht. Dos gefiel natierlich mein Offiziern racht gut, un ken fiels ei, ze frogn, wuher dos Wild kam. 's soget wuhl emol e Förschter: ›He, treibt's nicht zu arg, wir wissen, wer uns unsere Rehböck wegschießt!‹ Oder erwischt hatt mich doch kener, un do konnten se nischt machen. Oder der

---

1 Wildbret

Gerichtsdirektor Günther in Thum brachts doch fertig, an Regimentskommandeur ze berichten, wos über mir geredt wur. De Offizier mochten nu denken, 's wär besser, wenn se sich ne Buckel deketen –, ich wur nooch Zschopau ze de Grenadier versetzt. Ich mußt lachen, wie ich hiekam, dä nu war ich doch erscht racht in mein Revier. Ich hoo mei Wilbert weter geschossen un ogeliefert un mei Trinkgald kriegt wie bisher. De Forstleut kriegetn nu doch ihrn Gift.

's war emol in Dezember, ein Frost war, 's gefrur en bal dr Odem, machet ich mich emol an der Scharfenstäner hiner. Ich hatt mein alten Azug agezugn un de Montur drham gelossen. Dr Jägerbursch Ziegler von der Oberforstmesterei hatt schu immer geprahlt, wenn ich emol in seine Händ käm, wärs aus mit mir. Ich hätt ne nu gern en Bock ogewässert. Itze of emol kimmt mei Ziegler. Courag hatt'r, das muß mer ne lossen, dä er wollt geleich of mir nei. Oder dar kannt doch ne Karl schlacht. Ein Tremel¹ war er, noch en Kopp größer als ich. Er wollt mich gerod apacken, do hatt ich aah schu seine Flint in dr Hand un hauet ofn nei. Ich hob ne esu zugedeckt, daß de Flint of Stücken ging. Dann nahm ich meine Flint har un saat: ›Hund, ich derschieß dich!‹ Do wur er windelweech un battlet, ich sollt ne när an Labn lossen, 'r wollt aah nischt verroten vu der ganzen Sach. Do ließ ich'n lafen. Wos is oder bei en setten Lumprig e Versprachen! Kaum drei Toog drnoch – 's war an en Sonntig – sitz ich bei meiner Mutter of dr Ufnbank, do kimmt e Korporal mit en Grenadier un arretiert mich.

De erste Nacht war ich in Zschopau in Kafterle. An annern Toog wur ich vernomme –, mei Ziegler war aah do un tat beschwörn, ich wär dar, dar ne die Toog esu mordsgammerlich dorchgehaa hätt. Ich wur wieder ogeführt un gerod an Neugahrstog geschlossen un geradelt nach Chamnitz ins Stabsquartier geschafft. Geschlogne zweedreißig Wochen soß ich dorten, se hobn mich zweezwanzigmol verhört, oder rausgekriegt hobn se nischt. Ich sollt verroten, war mir mei Wilbert ogenomme hätt. Nischt gobs! Do hätt ich doch meine Offizier verroten müssen. Dos wollt ich net, dä die warn immer gut zu mir gewasen. Ich gelaab, die hobn e Heidenangst ausgestanden, daß ich nischt verroten tät.

1 langer Mensch

Langweilig war die Geschichte in dan Arrest, dos könnt ihr euch denken. Ich krieget zwar hier un do en Tobak oder en Branntwei zugesteckt – ich wußt net, wuher's war, oder ich sehnet mich doch racht raus. Esu kam der Sommer un aah de Zeit, wu de grußen Exerziern sei. In dan Gahr wars net weit von Mühlberg. Mei Regiment Maximilian marschieret dorthie, un weil se mich net in Arrest lossen wollten, wur ich mitgenomme. Wenn ich aah mit Ketten belastet war, ich kam doch zewingst an der Luft. Virnehm gings bei mir zu, ich wur sugar ofn Woogn gebunden un hinnerhar gefahrn. Vorne höret ich de Kameraden singe un of mein Woogn klirreten de Ketten.

Sulang der Mensch noch atme ka, is er aah noch net verlorn. Ich hoo mich immer emol ümgeguckt, öb's net aaging, daß ich ausreißen konnt. 's war oder nischt zu machen. De Kameraden hobn mich alle bedauert, se hobn mir aah e mannichs zugesteckt. Ja sugar de Offizier warn net gegn mir. Hatten se emol e Frühstück, wu's racht lustig hargegange sei mocht. Do hatt ener de Red draufgebracht, daß se in der Garnison aah immer racht gut gelabt hätten, weil se en setten guten Küchenmester gehatt hätten. Dos sollt ich sei. Nu mocht aah e mannicher denken: Wenn unner Gagermester ewos verroten hätt, do wärs uns allen ans Bä geloffen. Dann hoot dr Gundermann dos drzehlt, wie ich mir meine Werbetoler verschafft hatt, un do hoot ener virgeschlogn, se wollten emol für mir eisammeln. Kurz un gut, der Fähnrich von Wolfersdorff bracht mer an Ohmd 20 Toler, ich sollt mer ewos ze gut derfür tue. Ich gelaab, die wärn alle fruh gewasen, wenns bei mir mit'n Ausreißen gepaßt hätt. Ich bie gewiß e desperater Kerl, oder in dan Aagnblick hätten meine Offizier sinst ewos von mir verlange könne, dos hätt ich gemacht. Überhaupt, ich will euch emol ewos sogn: Wos die werklichen vürnahme Leut sei, die sprazen sich net esu, die hobn dos net nötig, dä vir die hoot mer su wie esu Respekt; wos oder die Sorte is, die nischt is un die niemand aguckt, die müssen sich aufblosen, daß mer se überhaupt erst weiß kriegt; un ich bie nu emol esu, ich ka niemand pariern, dan ich an liebsten aspucken möcht.

Die ganze Zeit, die mer in Mühlberg logn, is mer racht lang wurn; un endlich kam der Befehl zon Rückmarsch. Jede Nacht dacht ich: Na, morgn früh bist du net mehr gefange, 's war oder nischt. Esu kame mir aah in das Dörfel Simselwitz bei Döbeln. Da gabs en Rasttog, 's war gerod an Gohanne[1]. Ich hatt mich geleich bein Eirücken richtig ümgesahe, wie de Stroßen ginge. Ich wur in en grußen Bauernhuf in Millichkaller gesperrt. Rings üm den Huf rüm ging e Mauer, esu huch, daß mer kaum nauflange konnt. 's war gegn Ohmd, un de Landser warn zon Apell gegange. In men Huf stand e enziger Posten, der Zienert-Nand aus der Schmalzgrub. Ich dacht: Wenns itze net gelingt, do paßts überhaupt net mehr. Zwischen zwä Monturknöppen hatt ich ene Messergobel stacken, dos war mei enzige Waff. Ich rufet nu den Posten un saat, ich müß t emol austraten. Er ließ mich rauf in Huf. Ich ging nu nooch der Düngerstätt zu, oder – wos haste, wos kaste – en Satz – un ich hatt die Knie naagezugn un war über die Mauer gesprunge. Eh dr Zienert-Nand in sein Schreck sei Maul wieder zubracht, war ich ne Steig nonnergerannt un außer Schußweit. Ene Stund bin ich gesaust, als wenn der Teufel hinner mir har wär, dann kam e Busch[2], do hob ich zon erschten Mol Oden gehult.

Ich war kaum unner de Baam, do ging ein Gewitter lus, 's war, als wenn de ganze Walt in dr Luft fliegn wollt. Un dos draschet, als wenn lauter Schaffeln ausgegossen würn. Bei dan Watter konntn se mer kä Streifkommando noochschicken, do war ich sicher. Ich gelaab oder noch heut, die hobn die Sach gar net esu ernst genomme, ich hob erst Alarm blosen hörn, wie ich schie weit fort war. Nu hieß oder, die Kett ronnerkriegn. Zuerst mußt ich mir en Arm freimachen. Ich hoo alles versucht, 's ging net. Do packet mich e Wut –, en Rucks – un de rachte Hand war aus der Handschell raus. De Haut- un Fläschfatzen hinge zwar an Eisen dra, oder dos war mir egal. Nu hob ich mit dar freie Hand meine Gobel hargenomme un an Kettenschloß rümgepökert. Bal drei Stunden hob ich gewergt, do war ich de Kett lus. War dos net dorchgemacht hoot, ka dos net fühln, wie mir ze Mut war. Frei! Frei! Wos galts, doß ich mich verstecken muß t wie e wildes Tier, daß ich jede Minut gewärtig sei mußt, se finge mich un sperrten mich noch sehrner ei – itze war ich de Ketten lus!

Wie der Regn ewing noochließ, bie ich aus dan Gehölz raus. Ich hob mich oder in en grußen Kornfald neigelegt, bis ganz finster war.

1 Johannistag; 2 Gehölz

Der Hunger tat sich aah melden, do hob ich, ene Handvoll nooch der annern, Körner gassen. Dann gings fort: Marschrichtung Heimat! Was ich die nächsten drei Toog gelitten hob, is werklich kaum zu beschreibn. Wie ein gehetztes Vieh bei Toog in tiefsten Wald oder in de Kornfelder, bei Nacht geloffen un geloffen. Mei Hemd hatt ich zerrissen un üm mein wunden Arm gebunden. Käne annere Arzenei als e fließendes Wasser. Un geheelt is doch, hier saht'r noch ene Schmarr, dos is ganze Adenken drvu. Gelabt hoo ich die drei Toog wie e Waldtaub, Körner, Körner un noch emol Körner. Alle Dörfer un Städt hob ich in en weiten Bugn ümgange.

Wie ich in de Chamntzer Gengd kam, war ich doch in der Wiederbekehr, öb ich emol in dr Stadt nei giehe un mir ewos zu assen kaafen sollt. Ich hatt doch meine zwanzig Toler noch. Oder wie ich mich in en Teich spiegeln tat, do merket ich, daß ich mich in dan Zustand nirgends sahe lossen konnt. Zerrissen un zerlumpt, blutig un zerfatzt, esu kam ich an dritten Toog ohmd üm zahne nach Scharfenstä zu meiner Mutter. Ich gucket erscht dorchs Fanster nei, öb se allä war. Do soß se an ihrn Tisch bei en klen Öllampel un tat in ihrn Gesangbuch lasen, se hatt sicherlich drbei an mich gedacht un für mich gebat! Ogehärmt un abgekomme sohg se aus. Mir wur geleich mei Blut wieder häß, wenn ich dra dacht, wie alles sei könnt, un wos der Lump, dar Günther, aus meiner Mutter un mir gemacht hatt! Ich wollt se net drschracken, su leise wies ging, hoo ich ans Fansterle gepocht. Nu stand se auf, nahm ihr Öllampel un machet zor Stub naus. Wie se mir de Haustür aufmachet, wär se bal ümgefalln vir Schrack. Ich mußt när zugreifen, sinst hätt se 's Lampel falln lossen. Ich gelaab, mer ka noch esu zerlumpt un zerrissen eham komme, bei dr Mutter sieht mer immer schie. Un mir war, als wär ich in Himmel, wie ich bei meiner Mutter of dr Ufenbank soß. In der Röhr stand noch e halbe Pfann Brakelgötzen[1], dan hob ich verschlunge, un er schmok wie der feinste Kuchen. Richtig wuhl wur mir oder erst, wie ich die alte zerfatzte Montur ronner von Leib hatt. Mei alter Sunntigazug hing noch in Schrank, dan hoo ich aagezugn. Drbei mußt ich alles drzähln. Ich hoo net alles gesaat, wie's gewasn war, när dos bracht ich'r bei, doß ich

---

1 auch Rauchemaad genannt, Gericht aus geriebenen rohen oder gekochten Kartoffeln, unterschiedliche Zutaten, galt als Armeleutegericht

net bei'r bleibn könnt. ›Wos soll nu warn, mei Karl?‹ dos war ihre enzige Redensart. Ich hob se beruhigt, su viel ich konnt. Hob ihr aah zugeredt, se sollt sich net angst warn lossen, de Walt wär net esu gruß, un wu ich aah wär –, immer wollt ich für se sorgn. Se hoot sich dann ins Bett gelegt, un ich hoo mich of dr Ufenbank ausgestreckt. Ich höret se oder, wie se e Vaterunser nooch'n andern baten tat, un se hatt noch ene Fürbitt für mir zwischen de Lippen, wie se eigeschlofen war.

Ich hoo net lang un net tief geschlofn. Immer war mer, als höret ich ne Alarm hinner mir har, un de Kugeln pfiffen mir üm de Ohrn rüm. Wenn ich emol ruhe wollt, do kam der Gerichtsdirektor Günther und schrier: ›Eirücken! Stockhaus! Spießruten!‹ – Do wachet ich auf. 's fing draußen aa ze dämmern. Leise bie ich aufgestanden. Von meine zwanzig Toler hob ich'r fuffzehn hie ofn Tisch gelegt. Dann bie ich an meiner Mutter ihr Bett. Se schlief racht uruhig, war weß, wos de Träum ihr virmacheten. Ich dacht aah noch: Armes Mütterle, du wärst besser dra, wenn du en annern Gung hättst. Do war mirsch, als ob über dos alte, gute Gesicht e freundlicher Schein ging. Net wahr, Mütterle, dir bie ich racht, wie ich bie! När de garschting Menschen, die wolln mich alle anders hobn. Dann bie ich leise naus.

Die Schand wollt ich meiner Mutter net aatue, als Deserteur bei ihr gefaßt ze warn, ich machet mich fort un über de Grenz. Ich kam nooch Basberg[1] un sohg mich nooch Arbeit üm. Do war gerod der Wert von Gasthuf in Grünau do, der brauchet en Hausknecht un nahm mich mit. Ich bie zwä Gahr bei ne gewasn, un 's war aah net garschtig dorten. Es tat net lang dauern, do ließ mich der Wert in Wald giehe, wenn er nutwendig en Broten brauchet. Dos wur überall bekannt, ich kam net mit leeren Händen ehäm, wenn se mich schicketen. Ich wur drüm aah von de ganzen Gutsbesitzer miet of dr Gagd genomme; mei Herr ließ sich dos ruhig gefalln, dä nooch der Gagd bracht ich se immer alle mit in Gasthuf, un do verzehreten se en Haufen.

Do kam emol der Pfaarhandler Bleyl. Dar nahm mich of de Seit un freget mich: ›Karl, willst du Förster warn?‹ ich dacht, er wollt mich

1 Sebastiansberg

verolbern. Oder do rücket er raus. Er hätt nooch Heinrichsgrün e paar Rappen an Graf Nostiz verkaaft, un dar brauchet en Forstadjunkt. Er hätt noch en alten Förster, dar net mehr racht föder[1] könnt, der sollt unterstützt warn, un es wär aah Aussicht of die Försterstell. Der Bleyl hätt ne Graf vu mir erzählt, un dr Graf wollt mich aah nahme. Ich machet emol nonner un stellet mich vir, un die Sach wur richtig. Nooch acht Toogn hatt ich de grüne West aa. Ich konnt dort machen, was ich wollt, dos war racht. Der alte Förschter war heilfruh, daß er net mehr für de gräfliche Tafeln ze sorgen hatt. Er machet de Faderfuchserei, an dar mir su wie esu nischt log, un blieb in der warme Stub, un ich beging 's Revier.

Satziger un Hühnel! dos sog ich euch: In Heinrichsgrüner Revier wärt ihr net aufkomme, do war Ordning. Ich war oder aah net hinner jeden alten Fraa her, die emol e Hampfel[2] Reisig auflasen tat. De Förschtersleut hieln aah zu mir, ich hätt die Stell aah gewieß gekriegt. Vu meine sechs Toler Monatsgehalt konnt ich immer bald alles meiner Mutter schicken, un se ließ mir allemol wieder sogn, wie fruh se wär, daß sich dos alles esu geschickt hätt. Es mußt oder werklich wieder der Teufel de Händ in Spiel hobn, ich sollt abn net seßhaft warn. Ich war gerod drei Gahr dort, do war e ungarischer Graf zu Besuch do. Graf Weßlini hieß er. Dar war e rachter Weidmann. Ich mußt ne e fei paarmol ofn Aastand führn, un ich hob ne aah zu manning guten Schuß verholfen. Er ging gern mit mir un hat mir viel geschenkt.

's war nu e paar Toog vir seiner Heimreis, do machet ich wieder mit'n naus. Do fing er a ze erzähln von sein Schloß in Ungarn, von die grußen, wilden Wälder, von Hirsch un Sauen un Barn un Wölf. Zeletzt rücket er raus, ob ich käne Lust hätt, mit als sei Förster nach Debreczien ze giehe. Dos Ding ging mer in Kopp rüm. Ich überleget mer: Itze bist de noch gung un hast noch net drhaufen von der Walt gesahe. Se taten mir aah alle zureden –, när der alte Förster war bedenklich, er menet, ich könnt doch die Sprooch dort net, war weß, wos dos für e Hanakenland wär, er hätt vu dort har noch nischt Guts gesah, höchstens emol en Karl mit Rattefalle, Mausefalle! Ich lachet

1 vorwärts; 2 eine Hand voll

oder när dodrüber, un korz gesaat, drei Wochen später war ich in Debreczien richtiger Förster.

In ener Art wars ganz schie dorten. Ene schiene Gegnd, grußer Wald, gute Gagd. Un net ze vergassen, dar feine Tokayerwein. Aah de Maadle warn net garschtig. När an ihre verwerrten Tänz konnt ich mich net gewöhne. Der Graf Weßlini war e Herr, wie mer ne suchen muß. Er hat mir nie e urachts Wort gesaat. 's war werklich esu: De ganz Huchen un de ganz Geringe hobn immer ze mir gehalten, wos oder esu drzwischen log, mit die kam ich net of en grüne Zweig. Eh ich kam, hatten se an Ohmd immer Tarok gespielt. Der Verwalter, der Kammerdiener, der Kaplan und der Förschter. Nu war der Förschter tut, un ich kam hie. Ich hätt aah ganz garn mit die Leut gespielt, oder mit mir wollten se nischt ze tun hobn, weil dr Kaplan gesaat hatt, mit en Ketzer tät er net spieln. Ich machet mer nischt weter draus un blieb für mir. Oder do finge die drei Karle ofn ganzen Gut aa ze hetzen, su daß kä Mensch mit den lutherischen Ketzer verkehrn wollt. Höchstens die arme Gutsbauern, da ich's Gagdfrohne racht leicht machet, die hielten hämlich zu mir. 's blieb aah net bei Redensarten. Als mir emol e setter Ferencz ins Gesicht saat: er tät ken Ketzer gehorchn, do hoo ich 'n mit dr Faust vu mein Gelaabn derzählt. Ich konnt ne oder net bekehrn, dä dar is mir nimmer in de Näh komme. Wie sette Konfessionsdisputatione noch e paarmal gewasn warn, hatt ich Ruh. Oder is dos e Labn? Wenn alle Menschen an en virbeilaafen, als hätt mer Ugeziefer? Der Graf saat zwar, dos tät sich alles gabn, ich sollts när abwarten. 's wur oder net annersch, der Pfaff hoot dorten immer mehr ze sogn wie der Graf. Zah Monat hob ichs ausgehalten, dann hob ich ne Dienst quittiert. Der Graf schenket mer noch e paar Dukaten extra, daß ich unnerwags gut ze Labn hätt. Zeerscht bie ich nu nach Wien un hoo mir die Stadt richtig aagesahe. Dort labn mocht ich oder net, ich gelaab, die Leut dort hobn e ganz annersch Blut wie unseräns.

Mir gings oder wie ne Zugvögeln, ich lief uhne daß ichs wollt nach Norden, nooch unnern Gebirg zu. In Böhme überleget ich mir oder: Wenn de nach Sachsen kimmst, nahme se dich höchstens fest, drüm bie ich, uhne lang ze überlegn, nüber ins Bayrische. Do hoots mich aah net lang gelieten, ich bie of der Donau von Passau nach Linz mit en Schiff gefahrn. Ich soog euch, dos war ich in ganzen Labn net vergassen! War dos net gesahe hoot, weß werklich net, wie schie de Walt is. Nu wollt ich aah die grußen Barg noch sahe un bie über Salzburg nei nooch Tirol. Dos war nu alles ganz grußartig. Aah of de Gamsen hob ich miet gepirscht, bie oder net zon Schuß komme.

In Innsbruck wär mirs bald verkehrt gange. Do is e Haus mit en klen Virbau, wu e goldenes Dachel drauf is. Geleich drneben war e Schenk. Ich sitz ruhig dorten un trink e Vertele ruten Wein, dar is dorten billiger wie bei uns doderhierde 's Bier. An Tisch dernabn soßen e paar Grenzgager. Die hattn doch nu gehört, daß ich ene annere Sprooch hatt, do wollten se mich verhunibeln[1] un fregeten mich, ob ich aus Chinesien wär. Ich hoo erscht gar net geta, als höret ichs, wie se oder net aufhöreten, hoo ich en hargenomme un ofn annern draufgeschmissen. Oder viele Hund sei ne Hos sei Tud. Se fuhln alle über mir har, un ich wur nei ins Pommerle[2] geschafft. Acht Toog bei Wasser un Brut hobn se mer aufgebrannt. Na, ich konnts gebrauchen, ich war geloffen genung un konnt mich emol e paar Toog ausschlofen. Dann bin ich weter nooch dr Schweiz.

Leut, esu schie wies überoll war, ich wur oder de Gedanken an unner Geberg net lus. Wenn ich an unnern Wald dacht, do verlur de schönste Gegnd ihrn Reiz. Ohne daß ichs salber racht wußt, gings wieder naufzu. Durch Baden bie ich getippelt, dann gings nooch Hessen un schließlich aah nooch Hannover. Ich war net weit von Osterode, do kam ich an en Exerzierplatz virbei. Es tat gerod e Dragonerregiment exerziern. Ja, dos war doch ewos ganz annersch, als wie bei uns Fußlatschern. Die stattlichen Pfaar un die feine Uneform, jeder sohg aus wie e Graf. Ich überleget mir aah, daß ichs engtlich bei de Soldaten niemals schlacht gehatt hatt. Mei Gald war aah of de Neig gange. Je länger ich den Exerziern zugucket, desto verwerrter wur ich. Nei in dr Stadt, of de Hauptwach, gemeld, geworbn, 's Handgeld kriegt, eigekleid un de erschte Nacht in Stall geschlofn – dos ging äs ausn andern.

Ganz esu schie, wies ausgesahe hatt, war nu dos Reiterlabn net. Ich hoo e Gahr un vier Monat mei Pflicht geta, dann hatt ich dan Krampel

---

1 verspotten; 2 Gefängnis

satt. Wie ich emol Nachtpatrouille reiten mußt, bie ich net in de Kasern zerück, nä, ich bie abgerückt. Dosmol gings fix. Ich war wieder in Bayern ehr ich mich versah. In Hof hoot mir e Jud mei Pfaar, Sattel un Riemezeug für hunnert Toler ogekaft, dann hoo ich aah mei Dragonermontur noch vertschachert un hob mir dos schiene Gagdhabit zugelegt, dos ich heut noch hob, net ze vergassen dan Stutz[1] dorten. Nu hielts mich net mehr.

Gut agezugn un de Taschen voller Gald machet ich mich nach Scharfenstä. Seit acht Gahrn hatt ich mich net sahe losse, un ich dacht in mein Gedanken: Dich hobn se vergassen, über die ganze Sach von früher is Gros gewachsen. Nu könnt ihr euch mei Mutter denken! Se war racht alt un wackelig wurn. Wars dä e Wunner? Egal när klippeln un meitog nischt orndlings ze assen. Se dacht natirlich, ich wär noch Förschter irgendwu in Böhme drinne, un ich hob se aah derbei gelossen. Dos Gelück, wie ich ihr e Zeil Toler hielegen tat!

Obwuhl ich mich net gruß sahe ließ, kams natirlich bald rüm, daß ich wieder do war. De Schloßherrschaft tat oder net dergleichen. Ja, ich höret emol, der Pächter Philipp hätt geäußert, wenn nischt mehr virkäm, wollt der Herr von Einsiedel net bluß ä Aag, nä alle bäde zudrücken. När ener passet auf, bei dan war nischt vergassen – der Gerichtsdirektor Günther in Thum. Dar lauret när of de Gelagnhät, wu er mich packen konnt. Ich bie doch natirlich aah emol in Wald gange, oder, ihr könnts gelaabn, ich hob ken Schuß getaa! Do drzählt mir eines Toogs der Walther-Schmied aus Ehrndorf, er hätt ofn Amt gehört, daß ich festgenomme warn sollt. Mei Wut könnt ihr euch denken. Immer mußt dar Ugelicksgünther mir in Wag rümlaafen. Do wur mei Entschluß gefaßt: Wollt ihr mich net bei euch leiden, gut, dann war ich gegn euch sei! Ihr hobts ze verantworten, wenn e Mensch net zu en gerachten Labn komme ka. Wos hob ich dä verbrochen, daß ihr mich hetzt wie e wildes Tier? War hoot euch den Wald ellä gegabn? War hoot geschriebn, doß ihr ellä dos Wild schießen derft? Der Herrgott hoot en Menschen wie ne annern geschaffen, draußen ofn Gottesacker is ener esu viel wart wie dr annere! Mei ganze Seel hängt an Wald, ich ka net labn uhne mein Wald! Un wos

---

1 Stutzen, Gewehr

mir der Wald brängt, is meine! Wos hoot der Gerichtsdirektor dermiet ze tue? Un esu bie ich Wildschütz wurn un bereus aah net!«

Wild und trotzig hatten die letzten Worte geklungen. Die beiden Genossen erhoben sich und griffen nach seinen Händen. »Ein Rechter bist du gewurn!« schrie das Hühnel, »einer, der der ganzen Sippschaft die Zähne weist! Nur zu zahm bist du noch!« Und der Satziger schluchzte: »Ein grußer Maa bist du, unner Hauptmaa bist du, du unser Stülpner-Karl!«

Stülpner war aufgestanden. Er horchte nach der Tür hin, pfiff den Hunden und kroch zur Höhle hinaus. Nach einer Weile kam er wieder. Hielt die kalten Hände über die Herdglut und sagte: »Ich bin zwä Gahr net bei meiner Mutter gewasen. Morng mach ich mich of Scharfenstä. Hühnel, du schaffst Fell nooch Preßnitz zun Körtner, dar hoot se schu lang bestellt. Von den Gald kaufst du Munition un Rum. Satziger, du mußt morgn Brot versorgn. Dann bleibst du hierde un wartest of Nachricht. Giehst übermorgn emol in Satziger Gericht, dorthie schick ich Botschaft. Macht euch net ze mausig, ihr wißt, de Grünröck passen of. Ich mach fort, sobald's hall werd, dr Sturm hoot sich e fünkel gelegt.«

Er begab sich auf sein Lager zur Ruhe. Aber der Schlaf wollte ihm lange nicht kommen. Er warf sich unruhig auf seinem Pfühl hin und her. Plagten ihn die Geister vergangener Zeit, die er heute heraufbeschworen? Nagte es an ihm, daß er die alte Mutter wiederum zwei Jahre warten ließ? Sie hatte ja keine Not zu leiden brauchen, dafür hatte er gesorgt, aber wäre es nicht besser für die alte Frau, der Sohn hätte einen ehrlichen Erwerb, auch wenn er sich mühsam behelfen müßte? Ja, gewiß, das wäre alles ganz schön – aber – aber – das Schicksal!

Burg Scharfenstein

BEI DER MUTTER

Schön ist's im Walde zur Sommerszeit, wenn seine grünen, goldenen Augen in seliger Verträumtheit funkeln; wenn sein Atem wogt und braust und tausend Kreaturen sich ihm kindesbang an die moosige Brust legen. Aber der Winterwald hat auch seine Ehre. Das glitzert und blinkt, Diamanten funkeln, in königlicher Verschwendung über das Weiß des Schnees ausgestreut. Und was für Scherze erlaubt sich der Winter mit den ernsten Waldbäumen. Steht dort nicht ein weiß glänzendes Ungeheuer, das riesige Arme gegen den Himmel reckt, als wollte es stumme Klage erheben gegen die Gewalttaten des kalten Machthabers? Aus den kleinen zierlichen Fichten am Rande sind plumpe Pyramiden geworden. Der Weiser am Kreuzweg hat seine Schlankheit eingebüßt, ein stammdicker Pfahl und zwei unförmige Auswüchse oben dran, so schaut er mürrisch in die Welt, zwecklos ist sein Dasein, denn der Schnee hat seine Inschrift unleserlich gemacht. Aber alles blinkt und blitzt der Sonne entgegen, das ist kein weißer Tod. Heilige Stille überall. Kein Angstschrei eines verfolgten Tieres, die Reinheit der Natur duldet kein dunkles Verbrechen.

Da knirschen Schritte durch den Schnee. Gesunder Atem haucht und wird sichtbar. Ein Jägersmann mit Stutzen und Hund tritt aus dem Wald heraus. Vorsichtig lugt er durch die Stämme, ob kein Gegner in der Nähe. Weit sieht er die Straße vor sich liegen. Da unten läuft einer, aber keiner von der grünen Farbe, den Stecken in der Hand, über der Schulter den schweren Quersack, so zieht er nach Marienberg. Beruhigt stopft sich der Jäger sein Pfeiflein und schreitet zur Straße hinab. Nach ein paar Schritten hat er den Wanderer eingeholt. Sie grüßen sich mit der Tageszeit. »Wohin des Wegs?« – »Nach Marienberg, Gevatter, und Ihr?« – »Auch dorthin.« Vom Wetter wird geredet, von der Not der Zeit, vom Gewerbe. Der Handelsmann wird aus dem Grünen nicht klug. Der Rock ist abgeschabt, das Grün verblichen, aber der Hirschfänger an der Seite weist auf einen höheren Forstbeamten hin. Aber woher? Die wenigen Forstbeamten der ganzen Gegend sind doch bekannt. Der Oberforstmeister? Der wär kaum zu Fuß gekommen.

Endlich gebiert die Neugier die Frage: »Wo seid Ihr denn stationiert, Herr Förster?« – »Im Wald!« ist die wenig sagende Antwort. Der Handelsmann geht weiter: »Der Wald ist groß, öd und schaurig. Die ganze Gegend ist Einöde.« Der Grüne widerspricht: »Einöde? Wunderherrlich ist's hier! Wie heißt der Ort, der vor uns liegt? Gelobtland! Mir gefällt das Land!« Gleichgültig schiebt sich das Gespräch weiter. Die ersten Häuser von Marienberg werden sichtbar. Da bleibt der Jäger stehen und will einen Seitenweg einschlagen, als wollte er das Städtchen meiden. Da läßt's dem Händler keine Ruhe: »Nehmt mir die Frage nicht übel, wer seid Ihr denn eigentlich?« Der Grüne lacht: »Mein Name kennt e jeds Kind!« und weg ist er. Lang grübelt der Händler nach. Gebirgisch hat der Förster auch noch gesprochen. Da blitzt es in seinen dummen Gedanken: »Herrgott! Wärs möglich? Der Stülpner-Karl! Und heiler Haut davongekommen!« Kopfschüttelnd biegt er ins Städtchen ein. Es war doch kein unebener Kerl gewesen, es ließ sich gut mit ihm diskutieren. Vielleicht war er gar nicht so schlimm wie die Forstleute sagen. In der Bierstube erzählt er es dem Wirt. Der bedeutete ihm, leiser zu reden. In der Ecke sitzen ein paar Grünröcke, die brauchen es nicht zu wissen, daß der Stülpner in der Gegend ist.

Aber der hat sich wieder in den Schutz des Waldes begeben. Mächtig schreitet er aus. Der Heinzewald ist verschwiegen. Da entdeckt ihn niemand. Schon wittert er Scharfensteiner Heimatluft. Da hört er eine laute, zornige Männerstimme und eine flehende, verzagende weibliche. Gleich schießt's in Karl in die Höhe: Hier geschieht ein Unrecht! Hastig teilt er die schneebepelzten Fichten, daß es nur so stiebt. Er äugt noch einmal und sieht einen jüngeren Förster vor einem gebückten alten Weiblein. Karl nimmt zur Vorsicht seinen Stutz von der Schulter, der könnte doch vielleicht Arbeit kriegen, und tritt näher.

Da hört er's. Die Frau hat Reisig gesammelt, denn daheim im Stübel ist es kalt. Sie darf's aber nur am Montag, Mittwoch und Freitag, heute ist's verboten. Da schreit sie der Förster an und verlangt ein Sühnepfand. Das arme Weiblein kann keins geben, denn sie hat nichts und fleht den harten Mann, ihre Schuld zu verzeihen. Aber der Förster hat seinen schlimmen Tag. Es ist ihm gestern abend schlecht beim Schafkopfspiel gegangen. Wütend reißt er der Frau den Korb vom Rücken, daß sie beinahe in den Schnee schlägt, und brüllt sie an: »Verfluchte Mauesebande! Angezeigt und eingesperrt müßt ihr werden: Ich werd euch zeigen, wem der Wald gehört!« Und schon holt er aus, die Arme zu schlagen.

Das ist der rechte Augenblick für Stülpner. Wie aus der Erde gewachsen, steht er plötzlich, die Büchse gespannt, vor dem Förster. Der hat schon laut genug geschrien, aber was ist seine Stimme gegen den Donner, der ihn anrollt: »Wer gibt Euch das Recht, die arme, wehrlose Frau zu mißhandeln?« Der Grünrock schrickt erst zusammen, aber Furcht ist nicht seine Sache. Er mißt den langen Jäger mit einem Blick, und dann herrscht er ihn im vollen Brustton seines beamteten Rechts an: »Wer gibt Euch das Recht, mir bei der Ausübung meiner Pflicht dreinzureden?« Aber der Gegner hat keinen Respekt vor dieser Obrigkeit: »Hier hoot jeder, der e Mensch sei will, die Pflicht, neizureden! Schamt Euch, Eure Macht an ener setten alten Fraa auszuelossen! Dos is wuhl e Kunst! Dos weß der Teifel, de Behörden sei niemals stärker, als schwachen Leiten gegenüber, die sich alles gefallen lassen müssen!«

Der Förster wird sinnlos vor Wut. Er reißt den alten Korb des Weibleins her und stampft ihn mit den Stiefeln zusammen. Da tritt es Stülpner glühendheiß ins Blut, und er muß sich Gewalt antun, sonst hätte er den Rohling niedergeschlagen. Aber stahlhart wird sein Blick, und seine Hand faßt den Stutz fester: »Haltet mol aa! Den Korb werdet Ihr bezohln of Heller un Pfeng. Fraa, wos kost e neuer Trogkorb?« Zitternd stößt das Weiblein hervor: »Zah Grosch, Herr!« »Gut! Also, Förschter, jetzt warn zahn Groschen ausgepackt, sonst« – das Gewehr hebt sich bedrohlich –, »werd ich mit meiner Münz bezahlen!« Die Augen des Försters verglühen fast in Weißglut, und seine Stimme ist heiser: »Das ist mir noch nicht vorgekommen!« – »Wird's bald?« donnert ihn der fremde Jäger wieder an. Da zahlt er. Tropfenweis', einen Groschen nach dem andern. Und bei jedem schielt er, ob ihn das Feuerrohr des Unerbittlichen noch androht. Aber da gibt's nichts, zehn Geldstücke bekommt die Alte in ihre welke Hand. Lieber beim Schafkopf das Doppelte, als noch einmal solch ein Spiel verloren!

Der Korb ist bezahlt, und ein Haßblick belehrt den Jäger, daß er sich einen unversöhnlichen Feind geschaffen hat. »Bloß wissen möcht ich noch, wer Ihr seid«, knirscht der Förster zwischen den Zähnen hervor. Ein Lachen antwortet ihm: »In Zukunft werd Ihr menschlich mit alten Leuten verkehren, dann habt Ihr Ruh vor mir! Komm ich oder noch emol derzu wie heut, dann stieh ich für nischt! Sonst, mit anständig Gagern halt ich garn Kollegialität!« Der Förster tobt fort, flucht und schnauzt in den Wald hinein. »Wer muß der unverschämte, desperate Kerl bloß gewesen sein?« Da gibt's ihm einen Ruck, er bleibt stehen: »Der Stülpner! Tod und Teufel! Zum Greifen hatt ich ihn! Na, das nächste Mal, mein Lieber, geht das Spiel anders aus!« Im Großolbersdorfer Gasthaus spült er seinen Grimm hinunter. Er wird das Erlebnis für sich behalten, warum sich selbst bloßstellen. Aber, verdammt, die Alte wird schon sorgen, daß die Geschichte herauskommt. Und so flucht er denn noch ein paar Ellen lang fort über die Alte, über den Stülpner, aber nicht über sich selbst.

Die Alte hat sich bei dem fremden Jäger bedankt. Der hilft ihr noch den Reisigkorb füllen und huckelt ihr ihn auf. Dann trollt sie ab. Wer wohl der Mann sein mag? Einer von der Forstverwaltung ist es nicht, die kennt und fürchtet sie alle. Freilich, etwas Unheimliches war an ihm. Ganz richtig wars mit ihm nicht. Da zuckt sie zusammen. Kalt und heiß wird ihrs. »Der Stülpner-Karl wars!« Und sie rennt, was die alten Beine hergeben, nach Hilmersdorf, um die neue Mär zu verbreiten. Ihr Stübel wird den ganzen Abend nicht leer von Neugierigen, immer und immer wieder muß sie's erzählen, und bei jeder Wiederholung wird der Stülpner-Karl größer, seine Stimme mächtiger und die hohe Obrigkeit kleiner und kleiner. –

Stülpner hat Großolbersdorf durchquert. Schon zeigt sich der Schloßturm von Scharfenstein. Er dehnt den Marsch aus, bis es dunkel ist, dann geht er ins Dorf. Bei seiner Mutter ist das Fenster noch dunkel, sie muß mit dem teuren Öl sparen. Die Haustür ist noch offen. Es ist unvorsichtig von ihm, schon hineinzugehen, wie leicht kann noch jemand spazieren kommen. Aber er hält's jetzt nimmer aus, er muß die Mutter sehen. Leise klinkt er die Haustür auf. Ihr blechernes Geläut verwünscht er. Dann steht er an der Stubentür und horcht. Er hört die alte Uhr ticken, dann ist's ihm, als gingen schwere

Atemzüge, wie sie die Dämmerstunde hat, durch das Stübel. Die Mutter ist daheim. Kaum vernehmbar klopft er an und öffnet die Tür einen Spalt. Da klingt eine gute Stimme vom Ofen her, daß es ihm gleich heiß ans Herz geht: »War is dä?«

»Ich –, dei Karl!«

»Alle guten Geister«, schreit die Mutter erschrocken auf. »Üm Gottes Willen, mach sachte, daß se dich net erwischen!«

Dem Karl geht es schmerzhaft durch und durch, hier nützt keine Täuschung mehr, sie weiß, was es mit ihm hat. »Beruhig dich när, ich will mich gar net aufhalten, ich wollt när emol nooch dir sahe«, spricht er, und seine harte Wildnisstimme wird weich und zärtlich. Da zieht sie ihn in die Stube hinein. Auf der Ofenbank sitzen sie eng aneinandergeschmiegt. Nur einmal ist sie aufgestanden, um Holz in den Ofen zu schieben, daß es warm bleibt. Wer weiß, wie der arme Junge draußenrum frieren muß. Nun schüttet sie ihr Herz aus. Muß es denn sein, daß er ein solches Leben führt? Die Leut im Dorf hätten ja nicht schlecht von ihm gesprochen, aber da neulich wär der Gerichtsdirektor Günther auf dem Schlosse gewesen und hätte sie bestellt. Sie müsse wissen, wo ihr Sohn sei. Es wär Sünd und Schand, das Geld anzunehmen, das er schicke. Karls Weichheit verfliegt einen Augenblick, als er den verhaßten Namen hört. Aber die Mutter streichelt ihm die Backen, daß er wieder ruhig wird. Ach, wenn er doch in Ehrbarkeit bei ihr wohnen könnte, sie brauche kein gutes Leben zu haben, was sie brauche, verdiene sie am Klöppelsack. Nur ihr ehrlicher Name! Karl wundert sich selbst über sich, daß er sie ruhig anhören kann. Aber das klingt alles so lieb und gut, daß er gern noch länger zuhörte, wenn ihm auch nicht genehme Dinge gesagt werden.

Da werden sie unterbrochen. Die Haustürglocke schrillt, und eine frische Mädchenstimme ruft auf dem Flur: »Nu, wos is mir dä dos? De Mutter Stülpnern sitzt doch heut noch in Finstern!« Die in der Stube wissen nicht gleich, was sie tun sollen. Aber die Mutter spricht: »Dos Richter-Rösel, die denkt gut von dir, die verrot nischt. Se kimmt mannichsmol un brengt mer ewos.« Da kommt das Mädchen schon herein. Im Scheine des Ofenfeuers sieht sie einen hochgewachsenen Mann. Sie ahnt gleich, wer es sein mag und ist neugierig erschrocken. Aber sie gibt ihm herzhaft die Hand und spricht zur Mutter Stülpner:

»Do is e Flaschel Millich un e paar Ardäppeln.« Die Alte bedankt sich, und dem Karl wird ganz eigen; hier ist jemand, mit dem er seine Sorge um die gute Mutter teilt. Er kann das Mädchen in der finsteren Stube nicht sehen, aber die Stimme tut ihm wohl. Man merkt auch, daß die Rösel keine Lust hat, gleich wieder zu gehen: »Wenn ich net stör, wart ich e fünkel.« Die Mutter und Karl beeilen sich, zu versichern, daß sie nicht stört. Aber doch ists ein Weilchen still in der Stube.

Da hat der Karl auf einmal das Verlangen, vor seiner Mutter und diesem Mädchen gerechtfertigt dazustehen. Und er erzählt von dem Leben, das er führt. »Noch nie hob ich mir e schlachte Handlung zeschulden kommen lassen. Ken Menschen hob ich en Schoden zugefügt; in Gegntäl, manches, dos gedrückt un schlacht behandelt wurn is, hoot mir zu verdanken, wenn's aus der Nut rauskam. Ich bie nu emol anders wie andre Leut, worüm will mer mich dä zwinge, in dan Tempo mietzelaafn wie de andern? Ich ka doch nischt derfür, daß mich der Herrgott esu geschaffen hoot wie ich bie! Ausgestußen vu de Menschen bie ich wurn, worüm? Weil ich e Stück anders bie, un dos ka de Welt net vertrogn. När war in der Tippeltappeltour mitläft, dar hoot racht. Dan tut aah niemand ewos. Ich will oder net in der Herd mit hinnern Leithammel harrenne, ich net! Daß ich e Wildschütz gewurn bie, will ich vir Gott un aller Walt verantworten! Es werd schie noch emol ne Zeit komme, wu mer eisieht, daß der Wald un wos drinne is net bluß e paar weninggehört. Ich hob mirs derweile vornewag genomme!« –

»Ach, du grußes Kind«, fällt ihm die Mutter in die Rede, »dodrauf kast du net warten. De Grußen sei un bleibn de Grußen«, und besorgt streichelt sie wieder ihren großen Jungen. Aber bei der Rösel hat Karls Rede Feuer gefangen: »Racht hast du! Immer schieß das Wild wag. De Forstleut lossens mehr un mehr warn, när daß die paar Grußen ene gute Streck hobn. Öb sich die Hersch derweiln bein Bauern in Getreid rümsieln un 's Kraut wagfrassen, dos hoot nischt ze soogn. Frog emol in allen Dörfern rüm: Alle sei se of deiner Seit! Ich möcht die Menschen zähln, dan du schu geholfen hast. Eine Sünd is, daß se dich noch verfolgen. Ich hörs doch oft genung bei uns in Erbgericht, wenn se über dir reden! Un mei Voter, der Richter salber, hoot schie mannichsmol gesaat, wenn se dir net Uracht getaa hätten, wär dos alles net.« – »Inu, dos Kind!« wundert sich die alte Stülpnern. Aber dem Karl seine Augen glänzen zu dem Mädchen hinüber, als wollten sie die Finsternis durchdringen.

Mittlerweile sind die Kartoffeln gar geworden. Karl packt ein großes Stück Wildbraten aus, und im halbdunkeln Stübel halten sie zu dritt ein Liebesmahl ab. Dabei knistert das Feuer im Ofen, und dann und wann zuckt ein heller Schein über die Wand hin. Als sie gegessen haben, spricht der Karl: »Mutter, ich will nu wieder fort, es is när wagen dir, daß du net in Druck kommst. Sorg dich net; es schickt sich alles esu, wies bestimmt is. Wer weiß, vielleicht gab ich auch mei Gewerb auf.« Dabei sucht sein Blick die Gestalt des Mädchens. Dann legt er seiner Mutter zehn Taler auf den Tisch, drückt sie noch einmal, wechselt mit dem Rösel einen festen Händedruck und ist verschwunden.

Die Mutter sieht sich ganz irr um, als er hinaus ist. War denn das alles ein Traum? Aber die zehn Taler auf dem Tisch zeugen für die Wirklichkeit. Die Rösel macht Licht und hat nur zu tun, der alten Frau gut zuzureden. Die nimmt schließlich das Gesangbuch hinter dem Spiegel vor und sucht sich ein tröstendes Lied. Es will aber keine rechte Andacht kommen. Alles, was sie bedrückt, betet sie zusammen in den Satz: »Lieber Gott, bewahr mir meinen Karl!«

Als das Rösel heimgeht und nahe am Erbgericht ist, tritt hinter den großen Linden ein langer Mann hervor. »Sei gut mit meiner Mutter, du wirst von mir hörn«, flüstert er und läuft mit starken Schritten in die Nacht hinein; denn eben verlassen einige Gäste, über die Kälte maulend, den Gasthof. Das Rösel aber kann in dieser Nacht ewig keinen Schlaf finden, es muß immer an den langen stattlichen Jäger denken.

Der läuft, solang es Nacht ist, auf der Straße hin. Viele Gedanken gehen durch seinen Kopf. Im Morgengrauen ist er schon weit oben im Gebirg. Als er an einer Lichtung einmal rastet, läuft ihm von ungefähr ein Bock in die Quere. Da hat er auch schon den Stutzen an der Backe, und es knallt. Der Bock hat keine lange Schweißspur, da liegt er schon. Auch gut, denkt der Stülpner, da komm ich wenigstens meinen Genossen nicht mit leeren Händen. Beim Aufbrechen hat er wieder seine Gedanken bei der Mutter und dem Mädchen und vergißt, sich zu sichern. Da – zum Teufel – knallt ein Schuß, und Stülpner ist, als hätte man ihm Feuer ins Gesicht gespritzt. Er verliert den Kopf nicht. Mit einem Sprung ist er in den Wald hinein. So schlau ist er aber doch gewesen, den Bock noch über die Schulter zu werfen.

Im Wald ist es stockfinster. Aber das schmerzt auf der Stirn, und das Blut rinnt in kleinen Bächlein herab in seinen Schnurrbart. »So gehts, wenn man seine Gedanken nicht beisammen hat!« flucht er. Aber die Gegend ist ihm nicht geheuer, er hat auch keine Lust, mit dem Grünrock anzubinden, der ihm die Ladung Schrot versetzt hat. »Für mich gibts keine anderen Gedanken, als auf meine Verfolger bedacht zu sein«, das geht ihm schmerzlich durch den Sinn. Als er sich sicher glaubt, wischt er mit Schnee das Blut aus dem Gesicht. Unter der Stirnhaut fühlt er noch einige Schrotkörner, die drin stecken.

Gegen den Abend landet er in seiner Höhle. Das Hühnel ist schon da. Ein Paket Munition liegt dort. Auch den Rum hat es mitgebracht. Eine Flasche ist schon zur Hälfte leer, das merkt man auch dem Hühnel an, es schläft und ist nicht zu erwecken. Mühsam macht Karl Feuer. Dann holt er noch einen Topf Schnee herein, um seine Wunde behandeln zu können. Der Satziger ist noch nicht zurück, also ist auch kein Brot da. Er stößt das Hühnel mit dem Fuß: »Wo ist denn der Satziger?« Da erhält er einen unrühmlichen Bericht: der hat seine geschiedene Frau getroffen, und das alte Bandeisen hat ihn wieder mitgelockt. Auf den ist die nächste Zeit nicht zu rechnen. Das Hühnel wird aber soweit munter, Kartoffeln auf den Herd zu setzen und dem Karl seine Stirn zu verbinden. Dabei fehlt es nicht an Verwünschungen für den Förster und an Sticheleien für den unvorsichtigen Karl. Aber der läßt sich heut alles ruhig gefallen. Es will nicht warm werden in der Höhle. Ein Hundedasein ists doch. Kein Schlaf kommt und verscheucht die garstigen Gedanken. Da hält ihm das Hühnel die Rumflasche hin. Das ist das richtige! Ein Schluck, daß selbst dem Hühnel angst und bange wird; dann sinkt der Karl in festen, traumlosen Schlaf.

KRIEGERISCHE ABENTEUER
EINES FRIEDLOSEN

Der Besuch in Scharfenstein hatte verschiedene Folgen. Die Wunde an der Stirn heilte nicht so schnell, ja es gelang weder Karl noch dem Hühnel, die Schrotkörner alle zu entfernen. Aber auch andere Wunden gab es, die sich nicht schließen wollten. Wenn der Karl auf seinem Lager träumte, ging ihm ein Mädchen nicht aus dem Sinn, und seine Gedanken malten Bilder, die ihn für alle Freijagd untauglich machten. Er sah ein schmuckes Forsthaus, und vor der Tür stand eine blonde Förstersfrau, die nach dem Eheherrn ausspähte. Zwei krauslockige Buben rannten auf dem Waldwege dahin und hingen sich links und rechts an den Vater, der eben aus dem Busche kam. Und der Vater Förster war lang und schlank und hatte eine merkwürdige Ähnlichkeit mit einem gewissen Karl Stülpner aus Scharfenstein. Aber wenn dieser Stülpner aus seinen Träumen auffuhr und sich in seiner Höhle umsah, wollte ihm das, was der Traum gemalt, umso begehrenswerter erscheinen. Auch die alte Mutter wandelte durch seine Gedanken und bat ihn tränenden Auges, von seinem Gewerbe zu lassen.

Das Hühnel guckte seinen Weidgenossen immer mehr von der Seite an, der, unlustig zur Jagd, auf seinem Lager dahindämmerte. Ob die Treulosigkeit des Satzigers daran schuld war? Das Hühnel schüttelte den Kopf und ahnte schlimme Dinge. Als der Karl eines Morgens seinen Verband abgenommen hatte, hielt Hühnel es für unnötig, ihn zu erneuern; die Wunde sei zu. Da fing der Stülpner ein ernstes Gespräch mit ihm an. Erst fragte er ihn nach seinem bürgerlichen Beruf. Da war das Hühnel etwas in Verlegenheit. Wenn es die Wahrheit gesagt hätte, wäre nicht viel Gescheites herausgekommen. Nichts, Pascher und Jäger; schlimmeres nicht, aber etwas Bürgerliches war außer dem Pascher nicht dabei. Die Verlegenheit Hühnels wurde aber zum maßlosen Erstaunen und zur gerechten Entrüstung, als Karl in allem Ernst die Frage stellte, ob das Hühnel nicht arbeiten wolle.

Das war dem Reischdorfer nun klar, der Karl war für die Freijagd verloren. Er wollte gleich eine Geschichte erzählen, wie er von der Arbeit abgekommen sei, da schnitt ihm der Karl die Rede ab: »Hühnel, die Freijagd hört auf, mir suchen uns Arbeit!« Ganz gewaltigen Respekt bekam das Hühnel vor seinem Genossen, als der aus einer verschwiegenen Ledertasche einen Pack Papiere herausbrachte, Zeugnisse und Ausweise, die ein Mensch in geordneten Verhältnissen nicht entbehren kann. Dem Hühnel waren solche Dinge böhmische Dörfer. Ihm fing Karls Wohlanständigkeit an unheimlich zu werden. Er wagte auch nicht zu widersprechen. »Wenn du denkst, do muß ich mir halt Beschäftigung suchen.« Das harte Wort Arbeit brachte er doch nicht über die Lippen.

Nun fing der Karl an, die Auflösung des Geschäftes zu betreiben. Zunächst wurden die zahlreichen Felle zu Bündel gebunden und in stockdunkler Nacht hinüber nach Preßnitz zum Selter geschafft, der ein verschwiegener und gut zahlender Abnehmer war. Der beträchtliche Erlös wurde geteilt. Die Höhle ließ man, wie sie war, einzelne Gegenstände schaffte man in den hinteren Gang. Das Hühnel hatte eigentlich das Wundern in den letzten Tagen verlernt, aber es war doch immerhin merkwürdig, daß Karl nicht ganz reinen Tisch machte. Dem Hühnel kam es vor, als habe der Karl nicht alle Schiffe hinter sich verbrannt, als bestände die Möglichkeit, daß die Höhle wieder einmal benützt werden würde. Er hütete sich aber, etwas zu sagen. Und der Karl tat das alles halb unbewußt.

Als sie am letzten Abend zusammensaßen, schenkte Karl dem Hühnel einen schweren Taler und gab ihm einen Auftrag: »Weßt du, Hühnel, dos weß ich genau, de Arbet, die eilt bei dir net esu. Ich kenn dich doch, erst wirds Geld vertaa, dann siehst du dich vielleicht emol dernooch üm. Do könnst du mir zeerscht noch en Gefallen tue. Du giehst emol nooch Scharfenstä. Dos kast ruhig riskiern, dä dich kennt kä Mensch dort, un kehrst einmal in Erbgericht beim Richter Wolf ei. Dar hoot ene Tochter, Rösel häßt se. Dar erzählst du, du hätt's ganz gewieß erfahrn, der Stülpner wär nooch Böhme un tät sich ene Försterstell suchen. Hast dus verstanden?« O ja, das Hühnel hatte verstanden, viel mehr, als der Karl dachte. Ob nicht wieder ein Weibsen dahinter stak! Den Satziger hatten sie schon eingebüßt, nun war auch der Stülpner-Karl für den Freiwald verloren. Der Karl übergab ihm noch zehn Taler, die er der alten Frau an der Zschopaubrücke auszahlen sollte.

Am nächsten Morgen gingen sie aus ihrem Unterschlupf. Das Hühnel hatte sein Gewehr, gut in ein Fell verpackt, in der Höhle gelassen; der Karl aber trug seinen Stutz am Riemen über der Schulter. Die Falltüre wurde so gut überkleidet und verdeckt, daß kein Mensch darauf gekommen wäre, hier den Eingang zu einer Höhle zu suchen. Dann trennten sich die Genossen mit einem kräftigen Händedruck. Der Karl stieg mit starken Schritten hinüber ins Böhmische und schaute nicht um, wie einer, der seines Zieles sicher ist. Das Hühnel schaute ihm nach, bis er im Hochwald verschwunden war. Dann schlug es kopfschüttelnd die Richtung nach Marienberg ein. Erst den Auftrag ausführen und dann Arbeit – nein – Beschäftigung suchen. Er kam unbehelligt nach Scharfenstein, kehrte auch im Erbgericht ein. Und da ihn das Rösel bediente, so konnte er ihr selbst ausrichten, was er sagen sollte. Er bemerkte, daß das Mädchen sehr rot wurde und ward seiner Sache gewiß, als sie ihm einen großen Faustpinsel Branntwein einschenkte, ohne Geld dafür zu nehmen. Bei der Mutter Stülpner übernachtete er auf der Ofenbank, nachdem er einen ganzen Abend lang das Lob des Sohnes in allen Tönen gesungen. Als er im zeitigen Morgengrauen schied, nahm er einen Sack voll guter Wünsche mit für seinen weiteren Lebensweg. Dieser führte ihn über Drebach nach Ehrenfriedersdorf und dann nach Geyer, wo er in einem Gasthaus eine unrühmliche Stelle als Hausknecht fand. –

Stülpner war indessen ins Egerland hinabgestiegen. Er hatte in Karlsbad die beputzten Menschen bestaunt, die aus ganz Europa hier zusammenströmten, um ihre Gebrechen zu heilen. Am Hans-Heiling-Felsen wanderte er vorbei und suchte unter den Felsen das Brautpaar, das der Teufel versteint haben sollte. Im herrlichen Elbbogen gefiels ihm so, daß er am liebsten dortgeblieben wäre, aber es ließ ihm nicht Ruhe, ein gewisses Forsthaus geisterte immer noch durch seine Träume. Das ganze Nordböhmen war durchwandert, ohne daß er sein Ziel gefunden hatte. Dann kam er ins Bayrische. Da war ihm das Glück holder. Für den Anfang verdingte er sich beim Herrn von Reitzenstein auf Kunersreuth als Revierjäger. Seine alten

Zeugnisse hatten den Herrn sofort für ihn gestimmt. Es gab ja nur sieben Taler Lohn im Monat, auch war das Forsthaus klein und schon ein Förster drin, aber es würde sich schon was Besseres finden. Zwei Jahre erfüllte er getreulich alle Pflichten, dann winkte eine Stelle in der Hofer Gegend bei einem Herrn von Plötz auf Zedtwitz. Hier war ein alter Förster, der nicht mehr viele Jahre den Forst betreuen konnte. Hier glaubte Stülpner seinen Platz gefunden zu haben. Aber nach einem Jahre starb der Alte, und zwei Monate später bezog ein neuer Förster das Forsthaus, ohne daß man sich der Versprechen erinnerte, die man dem Sachsen allzureichlich gegeben.

Der enttäuschte und verdrossene Stülpner verließ sofort seinen Posten, um ein neues Revier zu suchen. Aus Bayern kam er ins Bayreuther Land, das kurz vorher preußisch geworden war. Wo die Preußen auftraten, galt ihre erste Sorge, junge, schmucke Leute in ihr Heer zu pressen. Das Ländchen wimmelte von preußischen Werbern, die den Jungen das Blaue vom Himmel versprachen und mit dem Gelde nur so um sich herumwarfen. Stülpner beachtete diese Großmäuler nicht, aber destomehr stach er diesen in die Augen. Dieser hochgewachsene Kerl im Jagdwams war ein ganz besonders fetter Bissen, den durfte man sich nicht entgehen lassen. Mit dem Zutrinken fings an. Aber sie hatten nicht mit der Kernnatur des Waldmenschen gerechnet. Die Werber wurden betrunken wie die Tümpelkröten, aber Stülpner blieb standhaft und lachte sie aus. Da gings schärfer los mit der preußischen Manier. Willst du nicht, so mußt du! Der Werber zählte ihm Handgeld auf den Tisch, Stülpner sagte: »Steck dei Gald wieder ei!« Der Werber zog seinen Stockdegen und tete, hier sei ein Rekrut, der Handgeld genommen, aber nicht Soldat sein wolle. Stülpner drückte ihm die Handgelenke so, daß er seinen Degen fahren ließ und seine Taler wieder an sich nahm. Aber damit war die Sache noch nicht vorbei. Was einer nicht schaffen kann, gelingt vielleicht zweien und dreien. Sie fielen über ihn her wie die Meute über den Hirsch. Aber da zog der Stülpner seinen Hirschfänger und schlug los, und als der zerbrach, ergriff er zwei Stühle, brach zwei Stuhlbeine ab und wehrte sich damit seiner Haut. Einen hatte er niedergeschlagen, daß man ihn wegtragen muß te, da eilten mehr und mehr Korporäle herbei: Und viele Hunde sind des Hasen Tod. Man schleppte den renitenten Rekruten ins Arrest, und am nächsten Morgen befand er sich auf dem Marsch zum Regiment nach Spandau. Eine Bestrafung wegen der Rauferei gabs nicht, das gehörte zum preußischen Werbegeschäft.

Dumpf und stumpf war es in Stülpner geworden. Er tat seinen Dienst als preußischer Musketier im Regiment Prinz Heinrich recht und schlecht. An seinen Forsthaustraum wagte er nicht mehr zu denken. Welch unglückseliges Gestirn hatte bei seiner Geburt am Himmel gestanden, daß er nicht Ruhe bekam auf der Welt? Für mich gibts kein friedliches Gewerbe. Für mich gibts nur den Wald. Für mich gibts nicht Weib und Kind. Für mich gibts kein größer Glück, als Wildschütz, als Karl Stülpner zu sein. Und es tauchte die Höhle im Reitzenhainer Revier vor ihm auf, und er sehnte sich fast, drinnen zu sein mit den alten Weidgesellen. Ach ja, den einen hatte sein altes Weib flügellahm gemacht, und der hier auf dem Exerzierplatz unter der preußischen Fuchtel Stechschritt übte, ging auch siech an einem Mädchen.

Der ernste, pflichtgetreue Musketier fand Freunde im Regiment. Da war der Herr Hauptmann von Hopfgarten, ein Sachse von Geburt und ein gerechter Weidmann. Sein Name klang Stülpner vertraut in den Ohren, kaum ein Halbstündchen von Scharfenstein lag ja das Dörflein Hopfgarten. Der ließ sich des Musketiers Mißgeschick erzählen und hielt zu ihm. Ein freundliches Wort und hie und da ein Stück Geld sollte den Heimatsfernen aufmuntern. Wenn nur die Fuchtel nicht gewesen wäre! Das war nichts für einen, dem der Wald sein Freiheitslied gesungen.

Bald klangen andere Freiheitsklänge! Sie schrillten über den Rhein, und Freiheit, Gleichheit und Brüderlichkeit jauchzten sie als Feldgeschrei den Pfahlbürgern des schlafenden Deutschlands in die Ohren, daß es sogar durch die Zipfelmützen zu hören war. Der Königthron der Franzosen zerbrach, und dem letzten Träger der Krone ward der Prozeß gemacht. Vielzuviel war von dem neuen Wesen schon über den Rhein gedrungen, daß das Schock deutscher Herrscher bedenklich und um sein eigenes Thrönchen besorgt war. Außerdem gebot die Standespflicht, dem bedrängten Monarchen beizustehen und ihn wieder in das Schloß der Könige zu Versailles hineinzuführen. Preußen und Österreich rüsteten, und die Welt war sich darüber klar, daß dem preußischen Heere, das in der Schule des Alten Fritz groß und unsterblich geworden war, die zusammengewürfelten Freiheitsbanden nicht standhalten würden. Einer der alterprobten Generäle, der Herzog Ferdinand von Braunschweig, würde es den »Ohnehosen« schon begreiflich machen, was preußische Soldaten seien.

Zum Anfang schien es auch, als ob die freien Franzmänner dem preußischen Drill nicht gewachsen wären. Man rückte über die französische Grenze und näherte sich der befestigten Stadt Verdun. Es war kein leichtes Kriegen, denn hier fochten nicht zwei Heere in geordneter Schlachtstellung gegeneinander. Ein für sein Vaterland bis zum letzten begeistertes Volk ließ kein Mittel unversucht, den verhaßten Eindringlingen zu schaden. Mit großer Mühe wurden die Sansculotten aus Verdun vertrieben, und die Stadt hallte wider von dem schweren Postenschritt der preußischen Regimenter. Es lag aber etwas Unheimliches in der Luft. Beim täglichen Appell fehlte dieser und jener und ward niemals mehr gesehen. Ja, es kam vor, daß ganze Strafkommandos, die in der Umgebung der Stadt nach versteckten Waffen und Lebensmitteln zur Versorgung der Truppen suchten, verschwanden, als hätte sie der Erdboden verschlungen.

Auch die Abteilung, zu der Stülpner gehörte, streifte eines Tages in der Gegend von Grandprée, wo damals das Hauptlager der Preußen sich befand. Es waren fünf Musketiere, die sich schließlich unter Führung Stülpners zusammentaten, um in den nächstgelegenen Dörfern nach Eßwaren zu suchen. Da lag ein großer Bauernhof, der zum Durchsuchen einlud. Außer einer alten Frau war aber niemand anwesend, und sie bedeutete den sechs Preußen, es sei nichts mehr da, alles hätte man ihnen mit Gewalt für das preußische Hauptquartier geholt. Stülpner gefiel der falsche Blick der Frau nicht. Der Hof sah ihm auch nicht danach aus, als sei er schon ausgeräumt. Er dachte darum: »Überzeugung macht wahr«, und fing an, im Hause herumzustöbern. Die Alte wehrte sich erst mit allen Kräften, aber dann war sie verschwunden, als hätte der Wind sie weggeweht. Im Hause war tatsächlich nichts zu finden, da ging man in den Stall. Auch dieser war leer, doch an der Mauer lag ein übergroßer Düngerhaufen, der aussah, als sollte er etwas verbergen. Sechs Mann griffen zu, und der Haufen war weggetragen. Da lag eine Türe bloß, und mit einem erwartungsvollen »Aha!« trümmerte man die Türfüllung entzwei. Da ward eine Treppe entdeckt, und man stieg mit ihr hinab in den Keller. Was für ein Geruch war das! Gräßlich, wie auf dem Schlachtfelde. Da schlug einer Feuer und brannte einen Kerzenstumpf an, den er in der Tasche trug. Was der Keller an Geheimnissen barg, war fürchterlich. Zwanzig halb im Sand verscharrte Kameraden mit furchtbaren Wunden und gräßlicher Todesangst im Gesicht. Den Lebenden hatte man den Kopf noch mit Sand zugeschüttet, daß sie eines schrecklichen Todes gestorben waren. »Die alte Hexe her!« war der erste Gedanke der erschrockenen Auffinder. Aber soviel sie auch suchten, im ganzen Gute war kein menschliches Wesen mehr zu finden.

Das Requirieren war dem Sachsen verleidet. Sie kehrten ins Lager zurück und Stülpner meldete den traurigen Fund seinem Hauptmann. Auf der militärischen Kommandoleiter klettert eine Meldung träge aufwärts. Aber diese Nachricht übersprang einige Sprossen, bis sie an der höchsten Stelle, beim Herzog von Braunschweig, anlangte. Der wollte mit eigenen Ohren hören, was ihm in Form von Meldezetteln zugetragen worden war und befahl den Musketier Karl Stülpner vor sich. Es war eine stehende Höflichkeit beim Kommiß, daß man einem Vorgesetzten unaufgefordert Name, Stand, Zugehörigkeit und Zweck seines augenblicklichen Daseins mit fester Stimme verriet. Stülpner kannte diese militärische Gepflogenheit und handelte danach. Da er frei von Schüchternheit war und ein gutes Gewissen hatte, sich außerdem als Bringer wichtiger Nachrichten fühlte, fiel seine Meldung selbstbewußt, knapp und schneidig aus. Grund genug, die Augen des Generals mit Wohlgefallen zu bebrillen. Er besah sich den langen Soldaten und befahl: »Erzähl Er!« Da Karl keine Scheu vor großen Tieren empfand, berichtete er in aller Kürze, was er gesehen und gefunden. Einmal unterbrach ihn der Herzog: »Was für ein Landsmann ist Er?«, und war zufriedengestellt, als er zur Antwort bekam: »Ein Erzgebirger, Eure Hoheit!«

Mit Ingrimm hatte der General den Bericht des Augenzeugen gehört. »Es ist gut, mein Sohn, hier trink auf meine Gesundheit dafür!« Mit einem Dukaten in der Hand wurde Stülpner entlassen. Das blanke Ding wurde am Abend von den sechs Beteiligten befehlsgemäß verwendet. Am andern Morgen rückte eine Wagenkolonne ab, die Leichen der ermordeten Kameraden herbeizuschaffen, damit sie ein ehrliches Begräbnis erfuhren. Über das mörderische Dorf brach die Vergeltung herein. Ein Korps von zweitausend Mann und eine Batterie schmiedeten einen Eisengürtel darum. Pechkränze wurden an die Häuser gelegt und das ganze Dorf in Brand geschossen, nichts entkam, was darin noch lebend gewesen wäre. Binnen einer Stunde zählte der Kriegsschauplatz einen Ruinenhaufen mehr.

Es war kein rechtes Vorwärtskommen in diesem Kriege. Man verzettelte seine Kräfte gegen unsichtbare Feinde. Zu diesen gesellten sich allerlei Krankheiten und Seuchen, die mächtige Lücken in die Reihen rissen. Die Soldaten hatten diesen Krieg schon längst satt, und manch einer hatte sich ohne Urlaubspaß empfohlen. Sie standen bei Weißenburg dem Franzosengeneral Pichegru gegenüber. Der Wintertag war neblig und duster, da fand Karl Stülpner, als er auf Vorposten zog, an einer zerschossenen Scheune einen halb erfrorenen Invaliden, der auf dem Wege zur Heimat war, von hier aus aber eine größere Wanderschaft antreten mußte, die ihn nicht nach seinem westpreußischen Zuhause führte. Stülpner schenkte ihm aus seiner Feldflasche und deckte ihn warm zu, aber der Invalid war schon dort angelangt, wo man für Wohltaten wohl einen Dank, aber keine Verwendung mehr hat. Er bat den mitleidigen Kameraden noch, seinen Eltern eine Botschaft zun senden, das Nähere finde er in der Brieftasche. Nachdem er diese zeitlichen Angelegenheiten geordnet, hatte er es eilig, aus dieser jammervollen Welt zu desertieren. Karl drückte ihm die Augen zu, nahm die Brieftasche des Toten an sich und bezog seinen Posten.

In der Hinterlassenschaft des Invaliden fand er zwar kein Geld, aber einen vollständigen Paß für eine Rückkehr nach Deutschland. Das war ein Wink vom Himmel. In diesem Feldzuge waren sowieso keine Lorbeeren zu holen, außerdem hatte man doch von den Lehren und dem Glauben der Freiheitssoldaten soviel aufgenommen, daß man sich nicht als ihr Gegner fühlen konnte. Im Gegenteil: Stülpner hielt ihre Sache, der unterdrückten Menschheit zum Rechte zu verhelfen, für gut. Für seinen besonderen Fall hatte er auch mit Befriedigung gehört, daß in dem neuen Frankreich aller Wald gemeinsames Gut und alle Jagd frei sei. Was hatte er überdies bei diesen Preußen zu suchen, die ihn fuchtelten und drillten? Und da kamen ihm seine großen erzgebirgischen Wälder in den Sinn, auch ein Dörflein mit einem hochragenden Schloß und das Stübchen der Mutter, wo ein blondes Mädchen mit der Alten von dem Heimatsfernen sprach, tauchten vor ihm auf. Eh ers gedacht, war er im Geist zu Haus.

Da litts ihn nicht länger. Seinen Nachtposten übergab er ordnungsgemäß seiner Wache, dann schritt er in den Nebel hinein; aber nicht nach dem Quartier – nein, in den Wald gings. Dort warf er Flinte, Seitengewehr und Patronentasche weg, legte sich in einer Felsengrotte zur Ruhe und wartete den Morgen ab. Dann gings mit Hilfe des geerbten Passes durch die preußischen Posten unaufhaltsam bis an den Rhein. Der Stülpner Karl war bei seinem Regiment verschollen und ward in der Schreibstube sorgfältig in Abgang gebracht, aber der »Invalid Paul Matusch« wanderte, soweit es sein Zustand zuließ, in die Heimat zurück.

Der Rhein ward überschritten und die Rheinpfalz nahm ihn auf. Mit sechs Kreuzern in der Tasche läßt sichs nicht gut reisen, aber einen Invaliden, der aus dem Kriege heimkam, ließ man nicht darben. Die Bauern waren nicht immer freigiebig, aber die geistlichen und Gutsherren gaben gern Unterkunft. Von Rheinbayern war die Marschroute nach Hessen-Darmstadt, dann kam Frankfurt am Main und Fulda. Hier hatte er Glück. Ein reicher Bürger hatte in der Schlacht bei Pirmasens seinen Sohn verloren, der ebenso groß gewesen war wie unser »Matusch«. Im Gedenken an den Gefallenen tat er nun dem Invaliden alles Gute an, was nur möglich war. Neu gekleidet und die Börse voller Geld, wanderte Stülpner nun über Eisenach, Gotha und Weimar nach Jena. Hier geriet er unter die Studenten. Ein Bruder seines Hauptmanns von Hopfgarten war darunter, der von Stülpner in der gebirgischen Heimat gehört hatte. Das war ein Fest. Die ganzen Kommilitonen zechten mit dem Wildschützen um die Wette und ließen sich von der neuen Freiheit und von der Kriegsbegeisterung ihrer Helden erzählen. Aber es litt ihn nicht lange dort. Zu den Osterfeiertagen wollte er bei seiner Mutter sein. Gera und Altenburg wurden durchschritten, dann kam Chemnitz als nächstes Ziel. Hier scheute er sich nicht, seinen alten Gönner, den Major von Gundermann zu besuchen, der sich mächtig freute und ihm einen Taler in die Tasche steckte.

Am Ostersonnabend, man schrieb das Jahr siebzehnhundertvierundneunzig, langte Karl Stülpner nach siebenjähriger Abwesenheit in Scharfenstein an. Als er bei seiner Mutter durchs gewohnte Fenster sah, gewahrte er fremde Leute in der Stube. Ihm schwante nichts Gutes. Ein heißer Schreck durchfuhr ihn: War die Mutter tot? Gewißheit mußte er haben, er ging hinein. Das waren ja alte Bekannte, Fuhrmann Gottschalks, die da wohnten. Er fragte voller Angst nach seiner Mutter; die hause im Hinterstübel, hieß es. Da fand er sie auch. Sie war voller Freude, den Sohn gesund wieder zu haben. Es gab viel zu erzählen. Der Karl war doch so gut wie verschwunden gewesen. Leben hatte sie auch müssen, und die Arbeit war schwer gegangen. Steuern und Abgaben dazu – da war sie in Schulden geraten. Und wieder hatte der Gerichtsdirektor Günther seine Hand im Spiele gehabt. Sechzehn meißnische Gulden war die Schuld und zwanzig hatte die Versteigerung des Häuschens gebracht. Die neuen Besitzer waren aber gern darauf eingegangen, daß Karl Stülpners Mutter das hintere Stübchen für ihr Leben lang als »Hausraum« behalten sollte. Es war dem Thumer nicht gelungen, die alte Frau obdachlos zu machen. Karl schnitt in Gedanken eine neue Kerbe in das Sündenregister des Elenden ein.

Nun gabs keine Not mehr im Stübchen. Von dem rückwegs gesammelten Gelde legte Karl acht Taler auf. Da konnte Essen und

Trinken gekauft werden. Das Aufsehen, das es gab, als man im Dorfe erfuhr, der Stülpner sei wieder da! Gleich am ersten Abend ging er ins Erbgericht. Da sah er auch das Rösel das erstemal richtig bei Licht und freute sich über das ernste Mädchen. Er saß mit am großen runden Tisch, wo die Großen des Dorfes ihren Stammplatz hatten, und was man früher auch gegen ihn gehabt haben mochte, es schien alles vergessen. Und was für Kunde brachte er nicht aus der Welt mit. Mit Begier hörte man von der neuen Freiheit jenseits des Rheins, daß es Menschenrechte gäbe, die jedem angeboren, auch dem ärmsten Häusler und Fronbauern. Das hörte man gern, und der Verkünder solcher Lehre war der Held des Tages. Die Gaststube hatte lange Zeit nicht so viel Gäste gesehen wie an diesem Abend, und der Erbrichter schmunzelte hinter dem Schenktisch hervor. Als der Stülpner nach Hause ging, gab ihm das Rösel lange die Hand und flüsterte verschämt: »Wie wirds denn mit der Försterstell'?« Da sah ihr Karl tief in die Augen: »Wos sein soll, dos kimmt gewiß, när Geduld.« Da gabs einen Händedruck, und das Mädchen sagte nur: »Ich kann warten.« Mit einem neuen Glücksgefühl ging Karl nach Hause. Ein altes frommes Lied, das er in der Schule gelernt, kam ihn in den Sinn: »Ein getreues Herze wissen hat des höchsten Schatzes Preis. Der ist selig zu begrüßen, der ein treues Herze weiß.«

Ohne Scheu ging Stülpner nun im Dorfe und in der Nachbarschaft desselben umher, besuchte hier und da einen Bekannten, saß auch wohl bei einem Schnaps und Krug Bier im Wirtshaus und erzählte. Und überall fand er dankbare Zuhörer. Mit seinem Rösel traf er sich häufig bei der Mutter, aber sie hielten ihre Liebe geheim, denn noch fehlte als Voraussetzung des künftigen Ehestandes ein sicheres Brot. Auch war man ungewiß, wie die Behörden sich zu dem Wildschützen stellen würden. Mit dem Regiment Maximilian in Chemnitz gab es noch eine Abrechnung, denn Stülpner war aus dem Arrest desertiert, das ließ sich nicht aus der Welt schaffen. Aber keine Verfolgung setzte ein. Besonders die Forstleute taten, als habe es nie einen Wildschützen Stülpner gegeben. Auch das Regiment schien ihn vergessen zu haben. Ja, es hatte fast den Anschein, als wenn auch der Gerichtsdirektor Günther in Thum Anweisung erhalten hätte, dem pp. Stülpner nicht nachzustellen, solange er sich nicht neue Straftaten zuschulden kommen ließe. So war Aussicht, daß der Friedlose endlich im Hafen einer ehrlichen Beschäftigung landen würde. Dies erbetete die Mutter, darum bangte das Rösel, und der Karl – war noch nicht mit ganzem Herzen dabei.

FREIWILD

Wer Geld hat, ist gegen manche Versuchung gefeit. Solange die mitgebrachten Taler anhielten, fiel es auch Stülpner nicht schwer, in den reinlichen Bezirken der Wohlanständigkeit zu hausen. Aber wenn Tag für Tag die Taler aus dem Beutel genommen werden und keine neuen hineinkommen, da schrumpft er zusammen. In solchen Lebenslagen sieht sich der Mensch mehr wie je nach Erwerbsquellen um, und der Stülpner suchte sich Arbeit. In Scharfenstein war nichts damit. Eine Unsicherheit lag in der Luft, die allen Geschäftsgeist lähmte und den Arbeitern den Brotkorb recht hoch hing. Tagelöhner zu werden, dazu hatte Karl wenig Neigung. Ja, wenns eine Försterstelle gegeben hätte! Aber die winkte wohl nur in der Ferne. Und fort wollte er nicht wieder. Nirgends auf der Welt rauschte der Wald so heimlich und die Sinne bestrickend wie in der Heimat, hier schien die Sonne wärmer, das Bächlein plätscherte silbriger und die Vögel zwitscherten traulicher als sonstwo.

Ach, wer nur immer im Wald herumstreifen dürfte! Zuerst aber galt es, nach Arbeit zu gehen. In Ehrenfriedersdorf war nichts zu holen, vielleicht paßte es in Geyer. Als er im Gasthof einkehrte, weil die Wirte immer etwas hören, wo ein Mensch gebraucht wird, stand vor der Tür eine bekannte Gestalt, das Hühnel! Das war eine wirkliche Freude. Hühnels Gesicht, das vom Mißvergnügen förmlich zerrunzelt worden war, hellte sich auf, als sei ein ganzes Bändel Sonnenstrahlen darauf gefallen. Über das Erzählen der gegenseitigen Erlebnisse kam man rasch hinweg. Als aber das Hühnel hörte, der Karl suche Arbeit, wenns sein müßte als Tagelöhner, da fuhr es auf: »Das is halt nichts für dich!« Der andere sagte mutlos: »Wos dä annersch, ich hob doch nischt gelarnt!« Das war dem Hühnel außerm Spaß. »Du, nichts gelarnt! Da schieß doch einer eine Katz! Du nichts gelarnt! Einer, der herrschaftlicher Förster gewesen und in der ganzen Welt herumgekommen ist! – Du nichts gelarnt!!« – »Wos nützt mich dos«, sagte der Karl, »hier gibts käne Försterstell für mich.« Als ob du eine Försterstell brauchtest! Du bist alles, Förster, Oberförster, Forstmeister – noch mehr, noch viel mehr, der Waldkönig bist du, wenn du nur willst!«

Der Karl wehrte ab. Die Zeiten wären vorbei, und er schied von dem Hühnel aus Geyer, ohne Arbeit zu suchen. Auf dem Heimweg im Greifensteiner Wald sah er die Stelle, wo er seinen ersten Bock geschossen hatte. Ja – wenn – wenn! Bei allem Grübeln vergaß er aber diesmal nicht, nach dem Rehwild zu sehen, und er glaubte feststellen zu können, daß ein großer Bestand da sei. Die Felder in der Nähe des Waldes sahen nicht zum besten aus. Die armen Bauern! Denen half niemand, als ob die Forstleute allein das Recht auf der Welt hätten.

Als Stülpner am Abend nach Hause kam, sah er sich im Schrank nach seinem alten Jagdanzug um und zog ihn am andern Morgen an. Seinen trauten »Stutz« suchte er auch hervor, reinigte und ölte ihn. Die Mutter beobachtete dies alles mit Sorgen. Was hatte der Junge nur vor? Sie meinte aber, er habe gute Aussichten auf eine Jägerstelle. Sie redete ihm auch nicht hinein, wenn er Tag um Tag früh fortlief und erst im Dunkeln wieder heimkehrte. Nur einmal war sie bedenklich, als er seinen Stutzen mitnahm – und an diesem Abend kam er nicht nach Haus. Da war beim Greifenstein ein Stollen, den einst Bergleute angefangen hatten, um Silber zu finden. Die Ausbeute war aber zu gering, man ließ die Arbeit liegen, nachdem man ein halbes Jahr gegraben hatte. Ein paar Jahrhunderte hatte die Gegend verlassen gelegen. Sie erfreute sich nicht des besten Rufes. Dort sollte es umgehen, der und jener wollte von Geistern hier genarrt worden sein. Jetzt fing ein heimliches Leben dort an, und bald war der Stollen zur Wohnstätte eingerichtet wie eine gewisse Höhle im Reitzenhainer Revier.

Immer weniger kam Stülpner nach Haus, tage-, ja wochenlang blieb er fort, und die beiden Frauen sahen mit Kummer, daß das Blut ihres Karl anders und heißer floß als das der Scharfensteiner Tagelöhner. Um diese Zeit hatte auch das Hühnel in dem Geyerschen Gasthof die Arbeit gekündigt und war spurlos verschwunden. Bald fing man in der ganzen Gegend an, die Köpfe zusammenzustecken. Im Wald war ein neues Regen. Die Bauern schmunzelten einander zu, ihre Haferfelder litten weniger Wildschaden. Den Forstbeamten zog es die Stirn kraus, manch sicherer Bock ward unsichtbar, ja, man wollte auch Spuren von Schweiß und Aufbruch gesehen haben. Aber schlaue Burschen mußten da am Werk sein, denn es gelang nicht, auch nur einen zu stellen.

In der Stülpnerhöhle am Greifenstein häuften sich die Felle. Es mußten die alten Geschäftsverbindungen mit Böhmen wieder hergestellt werden. Da entsann man sich des Reitzenhainer Unterschlupfs. Dort sollte ein Zwischenlager errichtet werden. Ein paar Nächte lang buckelten sich die beiden Genossen ab und hatten bald ihren Vorrat an Fellen untergebracht. Nun zog das Hühnel aus, die alten Geschäftsfreunde in Basberg und Preßnitz zu begrüßen. Als es eines Abends mit guten Geschäftsfreunden heimkehrte, strahlte es vor Vergnügen, es hatte den Satziger getroffen, dessen zweiter Ehestand nicht besser geworden war wie der erste. Und als Stülpner am nächsten Tag aus der Reitzenhainer Höhle kroch, kam ihm ein Mann mit Gewehr und Jagdtasche in die Quere, der sich bei näherem Hinschaun als der gute Satziger erwies, der ohne weiteres Feuer machte und Wasser zusetzte, als habe es nie eine Trennung gegeben.

Nun wurde die Sache im großen betrieben. Stülpner meinte, man dürfe nicht ein kleines Revier begehen, da bekämen die Grünröcke bald Wind. Häufig wechseln und das ganze Gebirge sich untertan machen. Abnehmer für Fleisch und Felle finde man überall, wenn man das Wildbret nicht im ganzen verkaufen wolle. Das leuchtete den beiden Genossen ein. So ward im Laufe der Zeit das Revier erweitert. Zuerst stützte man sich auf die Marienberger, Steinbacher, Rübenauer, Reitzenhainer, Zöblitzer, Borstendorfer und Leubsdorfer Reviere. Dann gings weiter: der Öderaner Wald, Kleinolbersdorf, Augustusburg, Börnichen, Lengefeld und Zschopau wurden begangen, ja auch der Gelenauer Abtwald sowie die Thalheimer, Stollberger und Geyerschen Forsten blieben nicht verschont. Daß man auch nach Böhmen hinüberpirschte, versteht sich von selbst, vor allem mußte das Rothenhäuser Revier herhalten. In diesem weiten Gebiet waren die Jagdgesellen mit allen Schlupfwinkeln vertraut. Jeder Wildwechsel war bekannt, so daß es nie Mangel an Wildbret gab.

Um so mehr verspürten die Forstleute, daß sie ihre Beute mit anderen teilen mußten, und es bedurfte nur einiger Anregungen beim Gerichtsdirektor Günther in Thum, um die höheren Ämter von dem gesetzlosen Treiben Stülpners und seiner Gesellen zu unterrichten. Die Folge war eine erneute Aufforderung, sich der Person Stülpners zu versichern. Seine Personenbeschreibung wurde vom Kopf bis zum Fuß in allen Wochenblättern bekanntgemacht. Auch an den schwarzen Brettern der Ämter waren Zettel angezweckt, auf denen der Wildschütz für vogelfrei erklärt und ein Preis von achtzig Talern ausgesetzt wurde für den, der ihn lebendig beim nächsten Amt einliefere. Auf den toten Stülpner setzte man nur fünfzig Taler aus.

Forst- und Polizeibehörden wurden aufgefordert, den Übeltäter zu verhaften, ja man sprach sogar davon, Militär zu requirieren. Es gab aber trotzdem nicht viel Menschen, die sich den Preis verdienen wollten. Die Sache war nicht ungefährlich, denn – wer weiß – vielleicht ging Stülpner in der Notwehr doch einmal davon ab, nicht auf Menschen zu schießen. Auch war man sicher, daß es einen Kampf auf Leben und Tod geben würde, ehe sich der Wildschütz ergab. Daß er schießen konnte wie der Teufel, war sattsam bekannt, und vor seiner starken Faust hatte man überall Respekt. Es mochte darum doch geraten sein, nicht mit ihm anzubinden. Es gab wohl Helden, die sich brüsteten, den Stülpner zu fangen. Aber man hörte von dieser Heldentat voraus immer mehr als hinterher. Auch ganze Gesellschaften machten sich auf die Wildschützenjagd, ohne aber Ruhm und Taler zu ernten.

Eines Morgens war Stülpner mit seinen beiden Genossen in der Nähe eines Dorfes auf einer Bergkuppe mit dem Frühstücken beschäftigt. Sie hatten sich ein Feuer angezündet und ließen sich ihren Wildbraten recht gut munden. Dies ward dem Herrn Erbrichter des

Dorfes angesagt, und schnell versammelte der mutige Mann alle waffenfähigen Männer, die er erreichen konnte, um sich. Die Bewaffnung war nicht ganz einheitlich; aber die Männer sahen mit ihren alten Flinten, Säbeln, Heugabeln und Dreschflegeln recht unternehmend aus.

Der Satziger hatte sich eben ein Pfeifchen angezündet, als er die anrückenden Feinde bemerkte: »Ich denk, mir kriegen Besuch schu an zeiting Morgen!« Stülpner und das Hühnel sahen hin, ohne sich aber im mindesten stören zu lassen. Sie zwinkerten sich alle drei lustig zu. Immer näher rückte die feindliche Armee. Sie war noch kaum hundert Schritte entfernt. Da standen mit einem Ruck die drei Wildschützen auf und nahmen ihre Büchse vor. Ohne Kommando verlangsamten sich die Schritte der Angreifer etwas. Der Zwischenraum wurde kleiner und kleiner. Da huben auf einmal die Wildschützen ihre Gewehre, spannten die Hähne und schlugen an. Da wars mit dem Heldenmut der Schützen vorbei. Im Laufschritt gings wieder den Berg hinab und ins Dorf, und keiner sah sich nach dem anderen um. Die Sieger aber sandten ihnen ein höhnendes Gelächter nach und verschwanden im Walde. Die Sache wäre gar nicht herausgekommen, aber als das Hühnel ein paar Tage danach in der oberen Stadt Annabergs, auf dem Mandelberg, bei Nacht und Nebel einem Abnehmer einen feisten Rehbock überbrachte, wurde es aufgefordert, etwas vom Leben und Treiben Karl Stülpners zu erzählen. Mit Vergnügen berichtete das Hühnel das lustige Stücklein, und in allen Schänken und Spazierstuben des Gebirges hallte das Lachen wider.

Diese Geschichte war noch nicht vergessen, als Stülpner für neues Lachen sorgte. Der Oberförster aus der Gegend des Fürstenberges hatte schon längst einen kapitalen Hirsch auf dem Korn, und eines schönen Abends im Oktober beging er sein Revier in der Hoffnung, endlich zum Schuß zu kommen. Da hörte er plötzlich in einiger Entfernung einen Schuß fallen. Da war etwas nicht richtig, denn den eigenen Leuten hatte er die Jagd in Rücksicht auf seinen Hirsch heute ausdrücklich verboten. Er hatte die Richtung richtig heraus, nach kurzem Suchen kam er auf eine Waldblöße, wo sich ihm ein Anblick bot, der sein oberförsterliches Herz beinahe zur Erstarrung gebracht hätte. Unter einer mächtigen Tanne lag der Hirsch – sein! des Oberförsters Hirsch! – frisch verendet. An der Tanne lehnte eine Doppelflinte und auf einem Baumstumpf saß der glückliche Schütze. Nach allem, was der Oberförster gehört hatte, mußte das der Stülpner sein. Der Oberförster wußte darum nicht, ob er sich ärgern oder freuen sollte. Er meinte aber, einem Manne gegenüber wie Stülpner dürfe man schon etwas höflich sein! Er bot darum einen freundlichen guten Abend. Auch Stülpner hatte in der Welt Lebensart gelernt und dankte höflichst. Als er den betrübten Blick des Oberförsters auf den Hirsch bemerkte, sagte er bedauernd: »Es tut mir läd, Herr Oberförster, daß Sie ümesist[1] geloffen sei, Sie wollten doch wuhl den Hirsch do schießen; ich bie nu leider vornewag gekomme.«

Der Oberförster »wure fünkel gratig«: »Alles was recht ist, Stülpner, aber Er braucht noch lange nicht unverschämt zu werden. Er muß immerhin wissen, wen Er vor sich hat!« Karl ließ sich nicht imponieren: »Beruhing Sie sich när, Herr Oberförster, Sie solln net ze korz komme. Wenn Sie sich do unten bei der grußen Ficht aastelln, komme Sie heut noch zum Schuß. 's is nu ämol net ze ändern, oder bei mir häßts, labn un labn lossen!« Da blitzte es dem Oberförster aus den Augen. Mit einem Schritt war er an der Tanne und griff nach des Wildschützen Büchse, die, wie vergessen, dort lehnte: »Er ist sehr freundlich! Aber wie wäre es denn, wenn ich mir dieses Gewehr ausbäte!« Jetzt konnte ihm der Wildschütz nicht mehr entgehen, triumphierend sah er ihn an. Aber Stülpners Blick lag voll liebenswürdiger Schalkheit in dem des Forstbeamten: »Bitte, die Büchs könne Sie gut und gerne mitnahme, sahe Sie när emol dorten hie, do hob ich noch zwä annere, die abn esu sicher traffen wie die, die Sie in der Hand hobn.«

Als der Oberförster nach der angegebenen Richtung blickte, legte er verblüfft und ohne ein Wort zu sagen, das Gewehr wieder an seinen Ort; denn er sah zwei auf seinen Kopf angeschlagene Doppelflinten und darüber die vor Lustigkeit funkelnden Augen des Satzigers und des Hühnels. Aber da war auch wieder die überfreundliche Stimme Stülpners, der sich eine Pfeife stopfte und um Schwamm bat, da er seinen Tabak in Brand setzen wollte. Der Oberförster langte sein

---

[1] umsonst

Feuerzeug aus der Tasche, etwas ängstlich war ihm doch zumute – verflucht, daß so ein Gewehr auch losgehen kann. Da rauchte Stülpners Pfeife, und der gab höflich dankend das Feuerzeug zurück: »Wenns emol paßt, daß Sie Feuer brauchn, ka ich Ihne hoffentlich aah emol aushalfen!« Der Förster hatte Sinn für Humor. Ein verteufelter Kerl, der Wildschütz. »Na, Stülpner, lasse Er sichs gut gehen, und sei Er nicht so fleißig, daß wir auch mal zum Schuß kommen.« Damit entfernte er sich, erzählte aber an demselben Tage noch in seiner Tafelrunde voll ingrimmigen Behagens das seltsame Erlebnis.

Kurze Zeit später streifte Stülpner durchs Schwarzenberger Revier und sah zu seinem großen Erstaunen unter einer Tanne einen Försterburschen sitzen. Der war auf den Anstand geschickt worden, um einen fälligen Bock zu schießen, war aber zu zeitig gekommen und hatte ein Schläfchen gemacht. Er erwachte, als er derb geschüttelt wurde. Vor ihm stand ein langer, verwitterter Jäger mit gespanntem Stutzen und sagte freundlich: »Ausgeschlofen, Kamerad?« Der erschrockene und schlaftrunkene Jäger brachte in der ersten Angst kaum einen Gegengruß hervor. Stülpner aber sagte zu ihm: »Dei Platz is gut, oder du hättst bald die Zeit verschlofen. Hier wechselt e Spießer, oder dan brauch ich heut emol. Du mußt also schu esu gut sei un mit mir ne Platz tauschen. Gieh dort nonner an Bach, bei der derrn Ficht, do kimmste aah zum Schuß. Wenn de emol ene Lieferung hast und ich bie dir in Wag, do tausch ich aah miet!« Was wollte der Bursche machen? Diesem Jäger fühlte er sich nicht gewachsen. Er bezog gehorsamst seinen Stand bei der dürren Fichte, und es gelang ihm tatsächlich, einen Bock zu schießen, während Stülpner mit seinem Spießer abzog.

Immer verwegener und kühner wurden die Raubschützen. Gefahren gab es für sie keine. Aber doch hing Stülpners Leben bei einem merkwürdigen Erlebnis an einem Haar. Im Zöblitzer Revier war es. Da kam ihm über drei Feldstücke weg ein starker Hirsch auf, anlegen und knallen war eins. Der Hirsch brach im Feuer zusammen. Der glückliche Jäger warf die Büchse über die Schulter und strich durch die Getreidefelder, um dem Hirsch beizukommen. Der lag, wo er gestanden hatte. Breitbeinig stellte sich Stülpner über den Hirsch und suchte seinen Genickfänger, um dem Tier nach Jägerbrauch den letzten Rest zu geben. Da sprang der Hirsch plötzlich noch einmal auf, so daß Stülpner auf ihm zu sitzen kam, und jagte in das freie Feld hinaus, den Felsklippen des Pockautales zu. Krampfhaft hatte der verwegene Reiter das Geweih des mächtigen Tieres gefaßt. An 1200 Schritt weit ging der tolle Ritt, schon sah Stülpner den Rand des tiefen Abgrundes auftauchen, da faßte er mit übermenschlicher Kraft zwei Stangen des Geweihes und sprang von dem Rücken des Tieres ab. Eine Stange ist bei dem wahnsinnigen Ritt abgebrochen, aber Stülpner ist gerettet, und der Hirsch verschwindet im Steinicht.

Etwa einen Monat später stand Karl im Zschopauer Wald auf dem Anstand. Da weidete vor ihm ein Rudel von sechs Hirschen. Da hatte der Jäger die Wahl. Ein mächtiger Achtzehnender sollte dran glauben müssen. Aber es ist noch nicht bis zum Schuß. Stülpner besah sich mit frohen Augen die stolzen Geschöpfe des Waldes. Da plötzlich gewahrte er einen, an dessen Geweih eine Stange abgebrochen herabhing. Das war sein Reittier. Ein Glück, daß so ein starker Hirsch dabei stand, sonst hätte den Zöblitzer Flüchtling heute sein Schicksal ereilt. Der Achtzehnender fiel. Aber Karl vergaß seinen gräßlichen Ritt lange nicht. Eins war ihm aufgegangen: Wie furchtbar war in alten Zeiten die Strafe für die Wilderer gewesen, die man auf einen eingefangenen Hirsch band und das Tier dann wieder laufen ließ. Da hatte sich mancher das Wildern abgewöhnt! Sie können niemand mehr auf den Hirsch binden – und die Nürnberger hängen keinen, bevor sie ihn haben!

Aber scharf waren die Forstleute auf ihn und die achtzig Taler. Einmal wäre es ihnen beinahe geglückt. Die drei Schützen jagten in der Marienberger Gegend. Es war ihnen gelungen, einen starken Hirsch zu erlegen, das Fleisch sollte sogleich die Wanderung nach Sebastiansberg antreten. Der Hirsch wurde weidmännisch zerwirkt und die Teile in Säcke gepackt. Dann gings der Grenze zu, und jeder trug einen Sack über der Schulter. Der Abend dunkelte schon, da – zum Teufel noch einmal – standen sieben schwerbewaffnete Jäger vor ihnen da, die Wildbret zu liefern hatten und nun auf viel edleres Wild stießen. Das war Jägerglück, und das Wild sollte ihnen nicht entgehen. Sie machten Anstalt, den drei Sackträgern den Weg zu versperren. Das war dem langen Stülpner doch außerm Spaß. Er legte seinen Sack hin und trat mit erhobener Büchse den Jägern entgegen: »Halt! Was wollt ihr hier?« Sie duckten sich vor den blitzenden Augen und dem Donner der grollenden Stimme. Aber der Grenzschütze Liebeskind hat den Mut zur Antwort: »Wir dachten, es wären Holzdiebe im Walde.« Da brüllte ihn der Stülpner an: »Sehen wir aus wie Holzdiebe?« Die sieben waren schon nicht mehr so siegesgewiß. Ja, es meldeten sich schon Rückzugsgedanken.

Der Revierbursche Müller bemerkte: »Wir dachten, ihr wärt Pascher.« – »Ach so«, höhnte der Stülpner, »ihr seid Tabaksbüttel? Mir sei käne Pascher un käne Holzdieb, mir hobn ken Kaffee, ken Zucker, auch kä Holz aufgeloden. In den Säcken is Wildbret. Wenn ihr Tabaksbüttel seid, do gieht euch dos also nischt aa! Do braucht ihr aah net mit de Gewehr im Wald rümzerenne!« Dabei nahm er den sieben Jägern die Büchsen ab und hängte sie sich über die Schulter. Die Betroffenen wagten nicht zu mucksen, denn das Hühnel und der Satziger hatten ihre Gewehrläufe recht bedrohlich erhoben. Sie blieben auch nicht lange im unklaren, was Stülpner mit ihnen vorhatte: »Hier die Säck warn agepackt un aufgebuckelt. Erst komme de gunge Leut und hinerhar de Alten!« Prompt wurde der Befehl ausgeführt, und der sonderbare Zug setzte sich in Bewegung. Als man die böhmische Grenze überschritten hatte, ließ Stülpner das »Ganze« halten. Die Jäger mußten die Wildbretsäcke hinlegen und bekamen ihre Gewehre zurück. Sie durften noch einige kräftige Züge aus Stülpners Korbflasche tun, dann wurden sie mit einem herzlichen »Hab Dank« verabschiedet. Beschämt trollten sie, einer hinter dem andern, wie die sieben Schwaben, ab.

War es denn ein Wunder, daß solche Streiche die Forstbeamten bis aufs Blut reizten und erbitterten? Das ganze Gebirge, nein, das ganze Land lachte sich eins, daß hier ein einzelner allen Behörden ein Schnippchen nach dem anderen schlug. Reskripte, Befehle und Verordnungen erschienen in Massen, in denen ein energisches Betreiben der Aufhebung Stülpners und seiner Spießgesellen gefordert wurde. Aber alles dies half nichts. Die Dorfrichter wurden mobil gemacht und ganze Ortschaften aufgeboten, die Wälder durchstreift, aber die Wildschützen waren fort, als hätte sie der Wind weggeblasen. Es lag klar zutage, daß sie in allen möglichen Orten Helfershelfer in Mengen hatten. Ungescheut kamen die Wildschützen in einsam gelegene Gasthäuser, ließen sich ihr Gläschen schmecken und die Korbflasche füllen, rauchten ihre Pfeife und unterhielten sich mit den Anwesenden. Gab es einen, der die nächste Behörde sogleich benachrichtigte, so war Stülpner lange im Walde verschwunden, wenn sich die Häscher nur sehen ließen. Und bei jedem Stücke, das er den Forstleuten spielte, wuchs sein Ansehen. Wer die Lacher auf seiner Seite hatte, behält recht. Und Stülpner und seine Leute sorgten dafür, daß gelacht wurde.

Die Schützengilde zu W. leistete sich einst ein besonders nettes Schildbürgerstückchen. Es war ruchbar geworden, daß die Wildschützen in der Nähe des Städtchens ihr Wesen trieben. Da ergriff den Schützenhauptmann, einen kleinen Schneider, die Sehnsucht nach unsterblichem Ruhm. Er ließ die Alarmtrommel rühren und versammelte sein Heer. Nach berühmten Mustern hielt er eine schwungvolle, begeisternde Ansprache und versprach seinem Trupp goldene Berge in der Gestalt der ausgesetzten Prämie und ewigen Ruhm. Seine Brust war von oben bis unten mit glitzernden Medaillen und Sternen bedeckt, Errungenschaften zahlloser Schützenfeste; aber ein »ganz wirklicher Orden«, der fehlte noch, und den hoffte der Schneider durch diesen Kriegszug zu gewinnen. Durch lautes Hurra erklärten sich die sämtlichen Schützenbrüder mit ihrem Feldherrn einverstanden.

Mit strammem Schritt überging man die Zschopaubrücke und marschierte am Ufer des Flusses aufwärts dem nahen Walde zu, allen voran das tapfere Schneiderlein, gewaltige Reden schwingend und den Mut des Heeres belebend. Schon war man im Walde angelangt – da ein furchtbares »Halt!« Aus den Bäumen heraus trat ein riesiger Jäger, die Büchse gespannt, und donnerte die Schützen an: »Wollt ihr euch packen, oder ich geb Feuer!« Das war zwar nur eine kurze Rede, aber sie wirkte furchtbar. Mit Kehrtmarsch sausten die erschrockenen Helden den Berg hinab nach Zschopau zu, wateten zähneklappernd durch den angeschwollenen Fluß, gewannen mit Mühe das andere Ufer und jagten, wie von bösen Geistern verfolgt, dem Städtchen zu. Nur der tapfere Schneider getraute sich nicht durch das nasse, kalte Wasser und lief kummervoll am Ufer hin und her, wie eine Henne, die Enteneier ausgebrütet und ihre Jungen lustig ins Wasser laufen sieht und dabei vor Mutterangst verkommt. Stülpner ließ ihn erst zum eigenen und der Genossen Vergnügen eine Weile in Todesangst zappeln. Dann schritt er nach dem Ufer zu, wo der Schneider bei seinem Nahen bald verging. »Nu, Schneider, worüm läfst dä du net ins Wasser? Du denkst wuhl, du kriegst ne Schnuppen? Nu wart, ich war e fünkel halfen!« Damit packte er den kleinen Kerl und trug ihn ohne Umstände an das andere Ufer. Das Vergnügen gönnte er sich aber, daß er mit seinen großen Stiefeln gewaltig ins Wasser trat und der Schneider nicht um eine kalte Wasserkur kam. Drüben setzte er ihn kräftig nieder und schickte ihn mit den Worten heim: »So, nun machst du, daß du ehäm kimmst, nahm du in Zukunft de Nodel in die Hand un net an Sabel, daß du net die Geyersche Krankhät kriegst. Wäßt du, wie die häßt? Husten, Schnuppen un kä Gald!« Die Jagdgenossen krümmten sich vor Lachen, als Stülpner zurückgewatet kam. Und um dessen Mund zuckte es verächtlich: »Spießerbande, elendige!«

Was ist im ganzen Lande über diese Geschichte gelacht worden. Bis an den kurfürstlichen Hof drang das Gerücht, und obwohl man wegen der beleidigten Obrigkeit einige Male den bezopften Kopf schüttelte, vergnügten sich besonders die Herren Offiziere über das feige Krämerpack.

Zu den grimmigsten Gegnern Stülpners gehörte der Hofjäger Pätzold aus Wüstenschlette. Er hatte auch alle Ursache, denn gerade das Marienberger Revier, das ihm anvertraut war, gehörte zu des Wildschützen Lieblingsgegenden. Oft hatte er mit vielen Begleitern den Forst durchstreift, um den Frevler aufzuheben, aber das war ihm bisher vorbeigelungen. Stülpner nahm sich auch vor ihm in acht, mied auch dann und wann die Marienberger Försterei, wenn es ihm dort zu brenzlig erschien. Aber immer wieder kehrte er zurück. An einem schönen Herbsttage war er wieder einmal zu Lande und streifte mit dem getreuen Satziger durch den geliebten Wald. Da blieb der Satziger plötzlich stehen und spitzte die Ohren, er hatte Hundegebell gehört. Sie brauchten nicht lange zu spähen, denn plötzlich kam ein gewaltiger Achtzehnender in vollem Jagen, verfolgt von hetzenden Hunden. Da vergaß Stülpner alle Gefahr und Vorsicht. Die Büchse

Kohlenmeiler.

her, und der Hirsch stürzte. Wie toll umsprangen die Hunde das erlegte Tier und verbellten es. Dem Satziger blieb nichts übrig, als nach den Hunden zu schießen, die in mächtigen Sätzen zu ihren Herren zurückliefen.

Auf der Stelle zu bleiben, erschien den Wildschützen zu gefährlich. Mit Mühe zogen sie den Hirsch in die nahe Jugend hinein, um ihn dort aufzubrechen. Die Sache war aber Stülpner nicht recht geheuer, er ließ den Satziger bei der Beute und stieg auf die Höhe hinauf, um sich nach den Jägern umzuschauen. Was er da sah, konnte allerdings auch das mutigste Herz bange machen. Auf einem großen Holzschlag hatte sich eine ganze Eskadron der Marienberger Kürassiere gelagert. Eine große Zahl mit Knütteln bewaffneter Landleute stand dabei, und auch ein großes Aufgebot von Forstleuten fehlte nicht. Es war Stülpner ohne weiteres klar, wem dieser großangelegte Heereszug galt. Aber er gab sich nicht verloren. Leise pfiff er durch die Zähne und lud bedächtig seinen Stutz. Im Augenblick war der Rettungsplan ersonnen. Es gab keine Zeit zu verlieren.

Schnell zu dem Satziger zurück. Der zog die Stirn etwas in Falten. »Wos machen mer dä mit den Hirsch?« – »Der werd mitgenomme!«

63

sagte der Stülpner, als wenn das in dieser Lage ganz selbstverständlich sei. Die Beine des Tieres zusammengebunden, ein kräftiger Tragstock durch, dann gings weiter ins Dickicht hinein. Dort lag weltverloren ein verlassener Meiler. Ein mächtiger dürrer Reisighaufen daneben. Die Wildschützen hoben mit kundiger Hand einen starken Ast in die Höhe – siehe da! – der Reisighaufen hatte eine Höhlung, in der die beiden mit ihrer Beute verschwanden. Sie verhielten sich mäuschenstill und horchten gespannt, ob sich draußen etwas rühren werde. Da wechselten sie einen Blick – die Verfolger kamen! »Verflucht!« sagte der Satziger, »jetzt hobn wir den Aufbruch liegn lossen!« – »Das war net gescheit von uns!« gab auch der Karl zu.

Mittlerweile war das Strafkommando, die Jäger voran, an die Stelle gekommen, wo vorher der Hirsch erlegt worden war. Die Hunde drängten unruhig ins Dickicht hinein und verbellten den Aufbruch. Man zwängte sich durch die Fichten und sah die frischen blutigen Eingeweide. Mit nicht sehr geistreichen Gesichtern schauten sich die Jäger gegenseitig an. Der Herr Hofjäger Pätzhold bemerkte tiefsinnig: »Das ist ein frischer Aufbruch!« Worauf der Herr Hofjäger aus Steinbach erwiderte: »Soweit gehen meine Kenntnisse auch!« – »Von einem starken Hirsch«, fuhr Pätzhold weiter fort. – »Allerdings«, bestätigte Torges, »ich halts auch nicht für den Aufbruch eines mittelmäßigen Katers!« – »Der Hirsch muß doch irgendwo sein!« sagte Pätzhold und sah sich um, als könnte er an einem Ast hängen, wie die Äpfel am Christbaum. Dann entfuhr es ihm: »Das war niemand anders als der Halunke, der Stülpner! Der hat den Hirsch!« – Er fand aber bei seinem Kollegen wenig Verständnis: »Herr Pätzhold, es ist doch kein Hase, den einer schießt und steckt ihn in die Tasche und steigt damit auf den Baum! Sie haben mich heute das achtzehnte Mal zur Streifung auf Stülpner eingeladen, ich komme nicht wieder dazu; den Kerl hat der lebendige Teufel!« Der Pätzhold stieß wütend mit dem Fuße den Aufbruch den Hunden zu, die sich gierig in den blutenden Haufen hineinfraßen. Die Stimmen entfernten sich nach der böhmischen Grenze zu. Da kamen auch die Wildschützen wieder ans Tageslicht. Der Satziger schmunzelte vor Vergnügen, daß sein Mund bis an die Ohren ging, und der Stülpner pfiff einen Reitermarsch vor sich hin, was er nur in gehobener Stimmung tat. In aller

Ruhe wurde der Hirsch zerwirkt und in die bereitliegenden Säcke gepackt. »Nu aber fort dermit!« befahl Stülpner und warf sich den schweren Sack über die Schulter. Das war eine verdammte Buckelei, und bis zur böhmischen Grenze war es weit. Die Landstraße erreichte man noch. Da war ein Steinbruch, der ein gutes Versteck bot. »Hier wird gewartet«, gebot der Karl, »es muß doch mal ein Fuhrmann kommen!« Er hatte richtig geschätzt, nach einer halben Stunde rollte ein Wagen heran, mit vier schweren Gäulen bespannt. Der Fuhrmann saß duselnd auf der Schoßkelle, komm ich heut nicht, komm ich morgen. Da wurde er plötzlich aus seinen Träumen geweckt. Ein riesiger Jäger lief neben dem Wagen und fragte ihn, ob er nicht für Geld und gute Worte ein Stück Wildbret bis ins Malzhaus in Böhmisch-Reitzenhain nehmen wolle. Der Fuhrmann schüttelte unwillig den Kopf: »Mach ich nicht! Tragt euern Dreck auf dem Buckel!« Stülpner bat ihn noch einmal, aber da griff der Fuhrmann nach der Peitsche. Das hätte er nicht tun sollen! Denn im Nu hatte Stülpner die Vorderpferde bei den Zügeln und schrie ihn an: »Na, esu fix schießen de Preußen net! Wenn du mir meine Säck net aufloden läßt, do schmeißen mir dir ne Wogn üm! Ich bie namlich net ellää!« Das wirkte. Der Fuhrmann schlug die Wagenplane zurück. Der Satziger brachte die Säcke herbei. Sie wurden im Wagen verstaut, dann ging die Fuhre weiter der böhmischen Grenze zu. Zweihundert Schritte vor dem Wagen ging Stülpner, das Gewehr über die Schulter gehängt, zweihundert Schritte hinterher der Satziger, eine gute Bedeckung.

Die Straße war menschenleer; es wurde langsam dunkel, da mied man gern diese einsame Gegend. Schon blitzten die Lichter von Sächsisch-Reitzenhain herüber, aber der Wagen knarrte weiter und die schweigsamen Begleiter blieben in ihrem Trott. Da wurde es lebendig auf der Straße, man näherte sich dem sächsischen Gasthofe. Das ganze Haus war erleuchtet und voll Menschen, denn die ganze Heerschar, Kürassiere, Landleute und Jäger hatten hier Quartier bezogen, um sich von den Strapazen des Feldzugs gegen Stülpner auszuruhen. Die Landstraße führte durch den Hof, und auch hier drängten sich Menschen und Pferde durcheinander. Als man den Lastwagen kommen sah, machte man die Straße frei. Auf die Begleiter achtete man gar nicht, es war begreiflich, daß eine noch so kostbare Ladung nicht ohne Bedeckung durch das Waldland zog. Noch ein paar Schritte –, dann war man über die böhmische Grenze. »Na, Mäster«, sagte Stülpner, »is net gut gegange?« – »Ja«, gab der Fuhrmann zur Antwort, »wenns so abläuft, do loß ich mirs gefalln! Ich weß nu aber, war Ihr seid! Wenns wieder emol esu paßt, do braucht Ihr bluß ze winken, do bie ich drbei!« Er nahm auch das reichliche Trinkgeld nicht an, das ihm der Karl bot, und versicherte immer und immer, daß es ihm eine Ehre gewesen sei, Karl Stülpner einen Dienst erwiesen zu haben. Die Wildschützen hielten es aber für gut, diesmal einige Zeit lang ihr Tun und Treiben nach Böhmen zu verlegen.

Das Streifkommando wiederholte am nächsten Morgen sein Manöver, ohne mehr Glück zu haben. Der Hofjäger Pätzhold fluchte zum Steinerweichen, ohne dadurch den Hirsch oder den Stülpner-Karl herbeizaubern zu können. Und wie wurde ihm erst, als der Fuhrmann in seinem Stolze das Erlebnis diesseits und jenseits der Grenzpfähle weiterverbreitete. Ein wahrer Tobsuchtsanfall, dem einige Teller und Fensterscheiben zum Opfer fielen, und der den Hunden eine ebenso unerwartete wie unverdiente Tracht Prügel einbrachte, hetzte ihn ein paar Tage lang im Hause und im Forst umher, und die spöttischen Bemerkungen seines Steinbacher Kollegen machten das Übel nicht besser.

Die Kunde von Stülpner-Karls Streichen drang natürlich auch nach Scharfenstein. Dann und wann erschien auch einmal ein Handelsmann oder eine böhmische Händlerin im Stülpnerhäusel und brachte der alten Mutter ein Päckchen, das meist einige Taler enthielt und einen Gruß von einem langen Jäger, der auf einer gewissen Landstraße gewesen sei. Die Mutter brauchte das Geld so nötig zum Leben und nahm es an, aber ihre Seufzer und Gebete hatten doch nur einen Inhalt, daß ihr Herzenssohn das Geld auf andere Weise erworben haben möchte. Und ein Mädchen wartete geduldig, bis alles einmal gut werden sollte. In einem waren sich aber die beiden Frauen einig: sie brauchten sich ihres Karls nicht zu schämen. Außer seinem Jagdeifer war ihm nichts Schlimmes nachzusagen. Keine böse Tat befleckte seinen Namen. Und so hofften und bangten sie der Zukunft entgegen.

DER HELFER

Unsichere Zeit mindert das Ansehen der Gesetze. So war es auch um die Jahrhundertwende. Das kriegerische Zeitalter des Großen Friedrich versandete in kleinen Fehden und in Spielereien mit dem Militär. Soldaten wurden geworben und wieder entlassen. Die aus geordneter Tätigkeit Gerissenen hatten das Soldatenleben leicht genossen, und wer nicht von innen heraus stark und gut war, verfiel dem Üblen, Landsknechtmäßigen, das der Soldateska jeder Zeit anhaftet. Die Lust zur Arbeit schwand, aber wenn man auch nichts verdiente, das gute Leben wollte man darum nicht aufgeben. Es mußte Tabak sein, es mußte Branntwein sein. Da man auf ehrliche Weise nicht zu diesen Genüssen kommen konnte, nun so nahm mans mit der Ehrlichkeit nicht mehr so genau. Es liefen Handelsleute auf den einsamen Straßen genug herum, die Geld bei sich trugen und gerne bezahlten, wenn sie nur ihr Leben retteten. Einzeln gelegene Gehöfte empfingen den Besuch solcher Burschen, und wenn sie den Hof verlassen hatten, konnte der Bauer betrübten Sinnes an so manches denken, was sich nun nicht mehr in seinem Besitze befand.

Raubten die vagabundierenden Soldaten und anderes Gesindel offen und allen Gesetzen zum Hohn, so trieben es die Bauern und Bürger nicht minder arg. Das Prassen und Großtun hatten sie von den Soldaten gelernt, und die Mittel dazu schafften sie sich, indem sie durch ungeheuren Wucher, durch wahnsinniges Hochtreiben der Preise ihre Mitmenschen bestahlen. Was galt es ihnen, daß alte, schwache Leute des Hungers starben, daß Wohlgesinnte, Ehrbare, die an diesen Verbrechen nicht teilnahmen, mit den Fingern auf sie wiesen –, wenn sie nur hatten. Sie behingen sich und ihre Weiber und Kinder mit kostbarem Geschmeide und Pelzwerk, während andere froren. Ihre Tafeln brachen unter den Mengen von allerlei Speisen –, während andere hungerten. Schmeißfliegen kriegerischer Zeitläufte.

Die Machthaber hatten weder Zeit, Lust noch Geld, im Lande Ordnung zu halten, die Dinge der großen Politik beschäftigten sie ganz und zogen ihre Augen über den Rhein, wo sich gewaltige Dinge vorbereiteten.

Die Berichte über Raubüberfälle häuften sich. Da geschah das Niederträchtige, daß der Gerichtshalter in Thum solch verbrecherisches Treiben mit dem Namen Karl Stülpners in Verbindung brachte. Er tat dies in Maueranschlägen, die zur Verfolgung des Räubers aufforderten, und in Eingaben und Reskripten an alle hohe Behörden. Es gab nicht viele, die an Stülpners Verbrechen glaubten; aber Ungesetzliches trieb er, warum sollte er nicht im Laufe der Zeit, durch Gelegenheiten und Umstände verführt, zum Verbrecher werden?

Stülpner bemerkte hie und da, daß man sich vor ihm fürchtete, als ob er ein Räuber und Mörder sei. Das verdroß ihn. Aber als er einst seiner Mutter Geld gesandt hatte, und sie zur Antwort bei ihm fragen ließ, es klebe doch nicht etwa Blut an dem Gelde, war es ihm schmerzhaft. Der Satziger und das Hühnel machten ihrem Zorne Luft: «Wir könne lebn, wie mir wolln, wir bleibn abn für die ganze Bucht ene Räuberbande! Wolln mers när noch warn! 's hoot doch ken Zwack, wenn mer annersch sei. 's glaabt uns doch niemand!» Karl sagte nichts dazu. War denn alles vergessen, was er den Armen und Notleidenden getan hatte? Was war nicht für Fleisch von seinem Wildbret in die Kochtöpfe der Armen gekommen! Scheuten sich die Forstleute nicht, die Armen beim Holzlesen zu bedrängen, da sie das Eingreifen Stülpners fürchteten? Nein, er mußte seinen Feinden beweisen, wie unrecht sie ihm taten.

Von da an knallten öfters Schüsse hinter Vagabunden her, die sich im Wald einnisteten und ihre Streifereien von dort beginnen wollten. In unsicheren Gegenden nahte sich oft einsamen Reisenden ein langer Jägersmann, der sich ein Wegstück anschloß und sie erst wieder verließ, wenn die Sicherheit einer Ortschaft sie aufnahm. Dabei gabs viel Unterhaltung. Die Reisenden machten aus ihrer Angst kein Hehl, daß sie dem berüchtigten Karl Stülpner in die Hände fallen könnten. Verabschiedeten sie sich dann mit herzlichem Dank von ihrem Begleiter, so erfuhren sie zu ihrer Bestürzung, daß ihr Beschützer niemand anders als der Raubschütz in eigener Person gewesen war.

So traf er im tiefsten Winter auf einen Herrenschlitten, in dem sich ein pelzverhüllter Stadtmensch ängstigte. Dieser ward kaum des Jägers ansichtig, als er ihn auch schon bat, auf der Pritsche Platz zu nehmen. Dabei verriet er seine Angst, denn in diesem Revier treibe die Bande des Wildschützen Stülpner ihr Unwesen. Karl beruhigte ihn. Er berichtete dem Aufhorchenden eine Menge Gutes von dem Gefürchteten, daß der Reisende ganz zutraulich wurde. Er erzählte, daß er nach Annaberg aufs Bergamt wolle, er sei ein Rechtsgelehrter aus Chemnitz. Stülpner war kein Freund von den Rechtsverdrehern, wie er sie nannte. Kurz vor Ehrenfriedersdorf sprang aber Stülpner vom Schlitten. Den Dank für die Begleitung schnitt er mit den Worten ab: »Sie haben jetzt selber mit Karl Stülpner gesprochen. Reden Sie e andermol besser von mir!« Der Jäger verschwand im Forst, aber dem Rechtsmännlein wurde trotz des dicken Pelzes eiskalt auf dem Rücken. Das sollte der Raubschütz gewesen sein? Er war doch so anständig gekleidet, und es hatte sich so nett mit ihm unterhalten! Als er am Abend in der »Goldenen Gans« zu Annaberg landete, füllte sein Erlebnis die Unterhaltung an allen Tischen. Es kamen viele zum Wort, denen Stülpners Treiben ein Ärgernis war, andere aber nahmen ihn kräftig in Schutz und suchten ihn vor Verleumdung zu retten.

Mehr und mehr Freunde gewann sich Stülpner aber durch eine edle Tat, die sich im ganzen Lande herumsprach und die öffentliche Meinung stark für ihn beeinflußte. Der Stollberger Markt war gewesen, und eine Leinwandhändlerin aus der Lausitz hatte gute Geschäfte gemacht. Ihr Korb war leer, aber dafür barg ihre schwarze Ledertasche, die an ihrem Leibriemen hing, die stattliche Summe von 300 Talern. Beschwingten Fußes verließ sie die Stadt, um ihrer Heimat zuzuwandern. In solcher Stimmung baut man gern Luftschlösser und schmiedet Pläne, denn man hat die Verwirklichung derselben in der Tasche. Sie sah schon das Dorf liegen, in dem sie am Abend übernachten wollte, da gesellten sich zwei Männer zu ihr. Sie erzählten, daß sie auch vom Jahrmarkt kämen und gute Geschäfte gemacht hätten. Die Frau wurde, nichts Böses ahnend, zutraulich und verschwieg auch ihre Erfolge nicht. So kam man an einen Seitenweg, der nach dem Dorfe führt. Da wurde sie plötzlich von den Kerlen gefaßt. Mit hochgeschwungenem Knüttel drangen sie auf die Arme ein und drohten ihr den Tod an, wenn sie sich weigere, das Geld herzugeben. Heulend und schreiend fiel die Ärmste vor den Unholden auf die Knie und bat sie unter heißen Tränen, ihr und ihrer armen Familie zu Haus das Geld zu lassen. Sie fand kein Erbarmen. Als ihr die Räuber die Tasche entreißen wollten, setzte sie sich zur Wehr, wurde aber zu Boden geworfen und ihr der lederne Gürtel mit der Geldtasche abgenommen. All ihr Hilfeschreien hatte in der menschenverlassenen Gegend keine Wirkung.

Eben wollten sich die Elenden mit ihrem Raub hohnlachend davonmachen, als plötzlich ein Schuß knallte, eine Kugel zwischen ihre Köpfe hindurchjagte und der baumlange Stülpner vor ihnen stand. »Ihr Haderlumpen ihr, wos soll mir dä dos sei?« Die Räuber wollten im ersten Schreck die Tasche wegwerfen und verduften. Da sie sich in der Übermacht glaubten, wollten sie nun auch mit dem Jäger anbinden. Das war das Dümmste, was sie tun konnten. Schneller als man denken kann, hatte Stülpner sein Gewehr umgehängt und zwei Pistolen hervorgezogen: »Ein Schritt, und euch fliegt ene Kugel in Nischel! Ihr seid also sette elende Lumpen, die mit mein Name Schindluder spieln! Ich werd euch eure Fahrten austreibn! Dos Gald werd hierhargelegt. Und dann macht ihr, daß ihr über die böhmische Grenze kommt! Wenn ich euch noch emol of sächsischn Boden traff, dann hat euer letztes Stündel geschlogn!«

Da merkten die Räuber, daß hier nicht zu spaßen war. Sie versuchtens nun auf andere Weise und boten Stülpner an, keine unnötigen Geschichten zu machen und das Geld mit ihnen zu teilen. Stülpners Entrüstung kannte keine Grenzen. Er tobte sie an: »Ihr denkt, ich bin su e Schandbub wie ihr? Nu aber fort, sonst is aus mit euch!« Jetzt wurde es blutiger Ernst. Mit ingrimmigem Fluchen warfen sie die Geldtasche hin und suchten eilends das Weite. Sie nahmen die Richtung nach der Grenze, diesem Manne wollten sie nicht wieder begegnen.

Die Frau hatte die ganze Sache mit Angst und Schrecken angesehen. Sie dankte ihrem Retter auf den Knien. Aber der redete ihr gut zu. Fragte sie, ob die Kerle sie etwa verletzt hätten, und band ihr selbst die Ledertasche wieder um. Dann ging er mit bis ins Dorf und nahm Abschied von der Dankbaren. Ein Geldgeschenk, das sie ihm anbot, nahm er nicht, aber er bat sie, überall zu erzählen, was ihr geschehen, und wie Karl Stülpner sie gerettet habe. Man solle ihn ja nicht für einen Straßenräuber und schlechten Menschen halten, im Gegenteil, er sei immer dort zu finden, wo einem in Not Geratenen zu helfen sei. Auch wolle er das ganze Gebirge nach und nach von allem üblen Gesindel befreien.

Die Frau erfüllte natürlich die Bitte ihres Helfers, wo sie nur konnte, und trug den Ruhm des erzgebirgischen Helden bis in die ferne Lausitz.

Als die Wildschützen wieder einmal in ihrer Höhle im Reitzenhainer Forst hausten, schickte der Karl eines späten Nachmittags den Satziger und das Hühnel mit Wildbret beladen nach Preßnitz. Er selbst führte sie ein Stück und kehrte dann um. Da hörte er Stimmen im Walde. Vorsichtig schlich er näher und traf auf zwei Reisende, die sich verirrt hatten und sich in dem riesigen Wald nicht zurechtfanden. Sie waren sehr erfreut, als sie den vermeintlichen Förster auftauchen sahen, und hofften, entweder auf den richtigen Weg gebracht zu werden oder Unterkunft in einem Forsthaus zu finden. Stülpner hörte ihre Wünsche an, sagte ihnen aber, die nächste Ortschaft sei zu weit, es würde außerdem eine mondlose, sehr dunkle Nacht werden. Wenn sie wollten, würde er sie allerdings an einen sicheren Ort führen. Sie willigten gern ein, besonders da sie in großen Sorgen wegen der Stülpnerschen Bande waren, die hier im Walde hausen solle. Sie vertrauten dem Jäger auch an, daß sie eine große Summe Geldes mit sich führten. Karl beruhigte sie, soviel er konnte. Sie sollten bei ihm übernachten, am nächsten Morgen wollte er sie selbst aus dem Walde auf die Landstraße bringen.

Es ging nun über Stock und Stein, immer dichter und wilder wurde der Wald, und den beiden Reisenden klopfte ängstlich das Herz. Endlich war man an einem kleinen Hügel angelangt, und der Jäger sagte: »Mir sei do!« Er öffnete die verborgene Falltüre und lud die Erstaunten ein, hinabzusteigen. Obwohl die ganze Sache den Reisenden immer abenteuerlicher und unheimlicher wurde, folgten sie doch ihrem Führer in die Höhle. Verwundert sahen sie sich in dem wohnlichen Raume um, der sie wie ein unterirdisches Jagdschloß anmutete. Stülpner hatte Licht gemacht und das Feuer geschürt. Er schnitt Rehbraten zurecht, legte Brot auf, und als das Wasser heiß war, goß er Rum zu einem steifen Grog zu. Den beiden schmeckte es, trotz anfänglicher Bedenken, recht gut. Auch dem Getränk sprachen sie tapfer zu. Die Zungen wurden dadurch gelöst. Es wurde manches über die Unsicherheit der Straße gesprochen und Stülpners Name dabei mehr als einmal genannt. Der Wirt stand dann auf, legte auf die Lagerstätten des Satzigers und Hühnels noch einige weiche Felle und lud seine Gäste zur Ruhe ein. Sie fanden erst lange keinen Schlaf, da ihnen ihre Lage zum mindesten außergewöhnlich erschien, und Wirklichkeit und Traum vermischten sich, als sie es die ganze Nacht mit der Räuberbande Stülpners zu tun hatten.

Als der Morgen graute, wurden sie geweckt, bekamen noch ein kräftiges Frühstück, dann gings wieder hinaus ins Freie. Stülpner führte sie bis auf die Landstraße. Beim Abschied klärte er sie auf, wessen Gastfreundschaft sie genossen hatten, und riet ihnen, nicht wieder Schlimmes von einem zünftigen Wildschützen, der kein Räuberhauptmann sei, zu sprechen. Daß den Reisenden eine ziemliche Weile der Mund offen stehenblieb, erscheint nicht verwunderlich. Sie schlossen ihn aber auch nicht mehr, wenn es galt, Stülpner gegen üble Nachrede zu verteidigen.

Gewann sich so der Stülpner-Karl bei allen Wohlgesinnten Freunde und Fürsprecher, so gelang es ihm auch, den Behörden einen Dienst zu erweisen, der für später nicht ohne günstige Folgen bleiben sollte.

Es war im Marienberger Forste. Stülpner ging in der Nähe der Heinzebank auf Anstand. Er freute sich über den herrlichen Sommerabend, über die erhabene Ruhe in der Natur. In das heilige Schweigen hinein klangen fernher rollende Räder, dann setzte ein Posthorn mit einem feierlichen Abendliede ein. Stülpner fuhr es eben durch den Sinn: »Die Marienberger Post! Die muß ich erst noch durchlassen!« Da hörte das Lied mit einem jähen Mißklang auf. Hier war irgendetwas mit dem Postillon geschehen.

Karl eilte der Straße zu und hatte mit seiner Besorgnis recht gehabt. Die Post stand. Der Postillon lag auf der Erde, und drei verwegene Kerle waren beschäftigt, ihn zu binden und ihm den Mund mit einem Knebel zu verschließen. Schon aus weiter Ferne gab Stülpner zunächst einen Schuß ab, dann stürzte er auf den Kampfplatz. Die Räuber waren aufgestanden, als der Schuß über sie hinwegfuhr, und nahmen ihre Stellung am Waldrande, um ihre Feinde übersehen zu können. Als sie nur einen bemerkten, wuchs ihnen der Mut wieder, und sie kamen weiter heran. Da nahm Karl seine scharfgeladenen Pistolen und sandte ihnen einige Willkommensgrüße zu, die sie aber veranlaßten, etwas tiefer in den Wald hineinzugehen. Schnell befreite Stülpner den Postillon und öffnete den Postwagen, wo er aber nur einen Handwerksburschen, den der Postillon aus Gnade und Barmherzigkeit mitgenommen hatte, und der vor Angst in die äußerste Ecke gekrochen war, vorfand. Er holte ihn heraus und flößte ihm Mut ein. Drei gegen drei – das ging den Posträubern doch gegen den Strich. Sie zogen vor, den Platz zu verlassen. Der Postillon war eitel Dankbarkeit gegen seinen Retter. Der Überfall hatte einem Fäßchen Geld gegolten, das aus der Freiberger Münze kam und in Marienberg abgeliefert werden sollte. Ohne Stülpners Auftreten wäre der Schatz verloren gewesen.

Da die Luft noch nicht rein schien, nahm Karl im Postwagen Platz und fuhr mit bis an die ersten Häuser der Stadt. Hier nahm er noch einmal die überschwenglichen Dankesworte des Postillons entgegen, dann verschwand er. Beim Abliefern des großen Wertstückes aber konnte der Postillon dem Postmeister nicht genug Rühmens machen von der großen Gefahr, in der er sich befunden, und von dem edlen Stülpner, der hier eine dem Staate ungemein ersprießliche Tat vollbracht habe. Der Postmeister verfehlte nicht, seiner vorgesetzten Behörde den Fall mitzuteilen, und nahm auch Gelegenheit, den anderen Ämtern in Marienberg eine günstige Meinung über den Wildschützen beizubringen. Stülpners Ansehen wuchs ins Ungemessene. Es kam bald so weit, daß kein Gegner etwas gegen ihn sagen durfte, ohne derb zurechtgesetzt zu werden.

Die Sache war so abenteuerlich und unglaublich wie nur möglich. Hier war ein mehrfacher Deserteur, wobei verschärfend noch in Betracht kam, daß er aus dem Arrest entwichen war; aber das Regiment verfolgte ihn so gut wie nicht! Ein von den Gesetzen des Landes für vogelfrei erklärter Wilddieb, auf dessen Leben und Tod ein Preis gesetzt war – und niemand fand sich, der ihn sich verdienen wollte! Ein Geächteter, dem die Verehrung eines weiten Landes galt! Ein Verfemter, der allerorts nur Gutes tat, so daß die Regierung seines Landes ihm sogar zu Dank verpflichtet war! Ein Forstfrevler, über den mancher schmunzelte! Und ein treuer Sohn, über dessen Taten eine alte gebeugte Mutter Tränen vergoß.

Nur in Thum saß hinter einem Aktenstoß, der immer mehr und mehr anschwoll, das unerbittliche Schicksal in Gestalt des Gerichtsdirektors, der immer und immer wieder die höheren Dienststellen scharf machte und dem kein Mittel zu niedrig war, den Liebling des Volkes zu verderben.

WANDLUNGEN UND WENDUNGEN

Die große Ausdehnung des Reviers, das Stülpner mit seinen Leuten beging, brachte es mit sich, daß die einzelnen Gebietsteile eine öftere Ruhepause genossen. Den Forstleuten war daher auch ein Verschnaufen in ihrem Ärger vergönnt. Am liebsten hielt er sich aber in der Nähe Scharfensteins auf. Von hier aus versorgte er auch die Mutter mit Geld und Lebensmitteln. Er selbst kam selten und meist nur am späten Abend. Da saßen Mutter, Sohn und Mädchen, um die das Schicksal einen ehernen Ring des Zusammenleidens gezogen, beieinander, ohne recht zur Freude zu kommen. Die Ungewißheit ihrer Zukunft lastete auf allen. Auch Stülpner ward immer mehr bewußt, daß er sein Waldleben nicht ewig werde fortsetzen können. Freilich, in den harten Frondienst des Alltags wollte er sich noch nicht einzwängen lassen. Wie verzweifelt hoffte er noch auf eine Försterstelle in der Heimat, so unmöglich das auch schien. »Ich kenn doch ne Wald besser wie die Kerle alle zesamme! Ein Musterrevier tät ich aus mein Wald machen!« Aber was nützt das alles. Er war nicht geprüft und gestempelt, und in seinen Verhältnissen war die Hoffnung auf eine Anstellung der reinste Wahnsinn.

Mit einem merkwürdigen Instinkt hatte er sein Vertrauen auf den Major von Einsiedel geworfen. Dieser Sproß des alten Herrengeschlechts, das seit Jahrhunderten die Burg Scharfenstein besaß, war, wie seine Vorfahren, dem Waffendienst ergeben und im österreichischen Heere, als Offizier in einem ungarischen Husarenregiment, zu Ruhm und Anerkennung gelangt. In der Armee Laudons, bei der Belagerung Belgrads, mehrfach verwundet, war er gezwungen gewesen, den Militärdienst zu quittieren. Nach Aufenthalt in Ofen und Wien begab er sich in das Schloß seiner Väter im waldumkränzten Zschopautale, wo er von den Strapazen seines Kriegslebens auszuruhen gedachte. Die Bewirtschaftung des Rittergutes überließ er auch weiterhin seinem bewährten Pächter Philipp, einem rechtschaffenen Manne, der auch die Wertschätzung und Achtung seiner Untergebenen wie auch des ganzen Dorfes genoß. Der Major war ein lebhafter Mann, dem es nicht behagte, vom Lehnstuhl aus die Dinge der Welt mit stiller Ergebung zu betrachten und zu verfolgen, er suchte und fand Arbeit. Zunächst lagen ihm die Lebensverhältnisse seiner Gutsarbeiter am Herzen. Dann dehnte er sein Interesse auch auf die Dorfbewohner aus. Dabei kamen ihm auch Namen und Schicksal des Karl Stülpner an die Ohren. Er verlangte von dem Gerichtshalter in Thum die Akten über den sonderbaren Fall. Der Thumer glaubte schon, es würde nun endlich einmal in dem gänzlich unerledigten Fall etwas geschehen, und übergab mit Eifer und Vergnügen das gesamte Material dem Schloßherrn, vergaß auch nicht, einen persönlichen Bericht über die Sachlage beizufügen, und erlaubte es sich auch, für die geeignetste Behandlung des Falles Vorschläge submissest zu unterbreiten. Eine Zeitlang hörte er nichts mehr, bis er eines Tages auf das Schloß befohlen wurde. Er wappnete sich mit Niedertracht, Haß und Übelwollen und glaubte, dem Verhaßten nun endlich an den Kragen zu können.

Aber es kommt nicht immer so, wie der Mensch sichs einbildet. Der Major seinerseits hatte sich mit Grobheit, Ungnade und Übelwollen aus dem Aktenstoß vollgesogen; er ließ das alles aber nicht auf das Haupt des schuldigen Stülpner niedergehen –, nein, o nein! – es hagelte ein Unwetter auf den Gerichtsmann herab, der ein an und für sich brauchbares Menschenkind durch seine Härte auf die abschüssige Bahn gestoßen und auf der Schattenseite des Lebens festgehalten habe. Der Major hatte sich außer bei den toten Akten auch bei dem lebendigen Urteil des Volkes Rat und Auskunft geholt und war geneigt, Gnade für Recht walten zu lassen. Der Gerichtsdirektor entschuldigte sich zwar, bei der Abwesenheit des Herrn habe er – der Gerichtsdirektor – dessen Meinung nicht erfahren können, glaubte aber als guter Jurist gehandelt zu haben. Der Major bekam ein rotes Gesicht und bedeutete dem Thumer nur, in Sachen Stülpner zunächst einmal nichts zu unternehmen. Er plante, entweder persönlich oder durch seine vielen Bekannten am Hofe des Kurfürsten für den Übeltäter Gnade erwirken zu können.

Stülpner wußte noch nichts davon, daß hier ein Hoffnungsstern für ihn aufging. Seinem alten Wahlspruche getreu: »Selbst ist der Mann!« nahm er sein Schicksal zunächst selbst in die Hand. Es lag ihm daran, in Frieden mit sich und allen Bedrängern zu kommen. Da dachte er auch darüber nach, daß er wohl Zeit seines Lebens, vor allem seit seiner Einsegnung, den Herrgott im großen Walddome, wo der Sturm orgelt, die Vögel musizieren und das Waldesrauschen predigt, verehrt, seinen Fuß aber niemals in eine steinerne Kirche gesetzt habe. Auf verschiedene Pastoren war er nicht gut zu sprechen, sogar die Kanzel hatte dazu herhalten müssen, ihn zu ächten. Er wollte aber auch mit den Pastoren seinen Frieden machen und nahm sich vor, beim Stadtpfarrer Schönherr in Thum zu beginnen.

Dieser hochwürdige Herr saß an seinem Schreibtisch und las eine Predigt seines Amtsbruders, des Magisters Koch in Drebach. Er glaubte, einige Gedanken bei der eigenen Predigt am Sonntag wohl verwenden zu können. Behaglich zog er an seiner Pfeife, und seine friedlichen Gedanken gingen den bläulichen Wölkchen nach. Da ward ungestüm an seine Tür geklopft, und auf das einladende »Herein!« betrat ein verwitterter, riesiger Forstmann, mit Büchse und Hirschfänger bewaffnet, das Studierstübchen. Nach wechselseitigem Gruße sah der Geistliche den Besucher erwartungsvoll an, um den Grund dieses Besuches zu erfahren. Der Jäger begann, seiner gebirgischen Mundart schriftdeutsche Gewalt antuend: »Nehmens Sies net übel, Herr Pastor, daß ich geleich esu hereingeschneit komm!«

Der Pastor lächelte nachsichtig: »Bei mir ist jeder willkommen, der freundlich anspricht. Wer ist Er denn und was hat Er für Wünsche?«

Der Jäger wich der Frage aus: »Wer ich bin, kann ich bloß sagen, wenn Sies ausdrücklich wissen müssen. Ich hob bloß en Anliegen: ich möcht Se bitten, meine Beicht anzehörn und mir Absolution zu geben.«

Dies ungewöhnliche Verlangen setzte den Pastor in Erstaunen: »Das ist eine sonderbare Zumutung. Ich sehe Ihn heut zum ersten Male, weiß weder Seinen Namen noch Seinen Stand, weder Glauben noch Herkunft – wie kann ich da mein Amt mißbrauchen und eine so wichtige Handlung vornehmen!«

Darauf lüftete der Jäger den Schleier: »Da muß ich allerdings mein Name nennen: Ich bin der Wildschütz Stülpner.« Der Pastor fuhr zurück. Beinahe hätte er um Hilfe geschrien. Nachdem er sich aber gesammelt, begann er: »Er bringt mich durch Seine Kühnheit recht sehr in Verlegenheit! Er erscheint hier öffentlich bei mir und muß doch wissen, daß es meine Pflicht erfordert, Seine Gegenwart sofort dem nächsten Gerichte anzuzeigen.«

Der Stülpner stand breit vor der Türe, so daß es dem Pastor schwer geworden wäre, Hilfe herbeizuholen: »Herr Pastor, Sie können jetzt net naus! Ich werd mich net an Ihnen vergreifen. Aber ich möchts auch keinem raten, die Hand gegen mich zu rühren. – Sie müssen mich anhören. Ich bin kein schlechter Mensch. In meine jetzige Lage bin ich durch traurige Umständ gekommen. Mein Gewissen ist rein, eine Blutschuld hab ich nicht begangen. Aber ich wollt meinen Frieden machen mit der Welt. Und beim Herrgott wollt ich anfangen. Ich dacht, ich könnt bei Ihnen Beruhigung finden.«

Der Pastor sagte mit gütiger Haltung: »Gern würde ich Seinen Wunsch erfüllen. Aber die bürgerlichen Gesetze regeln auch die Ausführung der Religion. – Ändere Er sein Leben! Unterwerfe Er sich den Gesetzen und der Gnade des Landesherrn, dann werde auch ich Ihm und seiner Seele Ruhe, Trost und Vergebung spenden können. Erst genüge Er der Pflicht dem Staate gegenüber, dann ist Ihm auch der Trost der Religion nicht versagt.«

Stülpner sah man es an, daß diese Ablehnung ihn enttäuschte. Auch hier unübersteigliche Wände! »Ich kann Sie net zwingen. Mein Herzenswunsch ist es gewesen. Sie können mir also net helfen?«

»Unter den gegenwärtigen Verhältnissen keinesfalls!« bedauerte der Pastor.

Der Jäger griff nach seinem Hut: »Nun, dann verzeihen Sie meine Aufdringlichkeit. Leben Sie wohl!«

Damit verließ er rasch Stube und Haus. Der Pastor gehorchte seufzend der Pflicht, den Gerichtsdirektor zu benachrichtigen. Er ließ aber erst eine Stunde hingehen. Die sofort aufgebotenen Forst- und Polizeileute fanden von dem Wildschützen keine Spur mehr.

Stülpner war entmutigt, aber nicht verzweifelt: »Gehts so nicht, gehts anders. Ich hab nicht gedacht, daß auch der Pastor, ja sogar der liebe Gott, dem Gerichtsdirektor Order zu parieren hat!«

Da erhielt der Pächter Philipp eines Tages ein Brieflein. Er wurde gebeten, abends gegen sechs Uhr im Wald bei den Steinbrüchen zu erscheinen, ein alter Bekannter habe mit ihm zu sprechen. Die Einladung war sonderbar, doch meinte er, nichts Feindseliges befürchten zu müssen und ging hin. Er war schon erwartet worden, denn an eine Fichte gelehnt stand ein großer Jäger, der beim Nahen des Pächters höflich den Hut zog und ihn freundlich begrüßte. Der Pächter war voller Erwartung, was der Unbekannte von ihm wollte. Er brauchte nicht lange zu warten. »Herr Pächter, ich habe mir die Freiheit genommen, Sie hierher zu bitten. Ich bin der Wildschütz Stülpner.« Und nun legte er ihm dar, wie er zu seinem Gewerbe gekommen, daß er selbst es nicht für strafbar halte, sich aber unterwerfen wolle, da alles gegen ihn sei. Er bat den Pächter, beim Major von Einsiedel für seine Begnadigung wirken zu wollen.

Dem Pächter ging es wie dem Pastor, er war über den Mut, ja über die Dreistigkeit erstaunt, mit der Stülpner verfuhr. Dieser hatte allerdings Gründe für sein Verfahren: »Ja, wie sollte ich es anders machen. In meiner Lage ist es unmöglich, direkt mit einem geachteten und einflußreichen Manne zu sprechen. Ich mußte es so machen, wenn ich Sie um einen guten Rat bitten wollte!«

Der Pächter war immer noch nicht beruhigt: »Er bringt mich in Verlegenheit, wenn uns ein Dritter sieht. Ich bin ja als behördliche Person verpflichtet, Ihn zu verhaften.«

Stülpner lächelte ein wenig: »Wie wollten Sie denn das machen? Doch ich will Sie net länger aufhalten! Kurz zur Sache: Welche Strafe krieg ich, wenn sie mich in ihre Gewalt kriegen?«

Ernst sagte der Pächter: »Was es für Strafen auf das Entspringen aus Arrest gibt, wird Er als Soldat wissen, es gilt als doppelte Desertion. Auf den Wildfrevel gibt es Festungsbau.«

Stülpner trat entsetzt zurück: »Festungsbau? Diese Strafe für ein Verbrechen, das eigentlich gar keins ist? Nä, do mog alles bein Alten bleiben! Mogs komme, wies will!«

Der Pächter empfand eine mitleidige Regung. Er wollte ihm dartun, daß Stülpners Auffassung über die Wilddieberei falsch sei. Wenn jeder schießen dürfe, was er wolle, würde nach kurzer Zeit der Wald ausgestorben sein. Das gab Stülpner zu. Er wollte auch seinen Standpunkt aufgeben. Er wollte nun wissen, ob auf eine Strafmilderung zu rechnen sei, wenn er sich freiwillig der Obrigkeit stelle. Der Pächter meinte, das hinge von der Gnade des Landesherrn ab. Stülpner fuhr nun fort: »Ich will die Strafe der Desertion auf mich nehmen und freiwillig zu meinem Regiment zurückkehren, wenn ich die Zusicherung erhalte, nicht als Wilddieb bestraft zu werden.« Der Pächter meinte, das könne er nicht zusagen; aber den Versuch könne man wohl machen. Stülpner überlegte, dann sagte er düster: »Ich möcht den Versuch nicht riskieren. Ich seh nun ein, ich soll nicht zum Frieden kommen, ich werde nun weiter gehetzt und muß mein Gewerb weiter betreiben. Nur eine Bitte noch: Lassen Sie meiner Mutter net entgelten, daß ich e Wildschütz bie. Die hat kene Schuld, weiß auch nie, wo ich mich aufhalt. Wenn meiner Mutter wos geschieht, dann stieh ich für nischt mehr! In der Sach darf mich niemand reizen, da käm mirs auf eine Mordtat net an!«

Der Pächter zuckte die Achseln: »Das hat Er ja in der Hand. Wenn Er sich für Seine Mutter aufopfert, wird ihre Ruhe nicht gestört werden.«

Lebhaft versetzte der Wildschütz: »Das will ich doch machen! Nur den Festungsbau müssen se mir schenken! Wegen Wilddieberei will ich net bestraft sein. Doch ich will Sie net länger aufhalten, 's könnt jemand kommen. Nur dos will ich Ihne noch sogn: Ohne daß mir der Festungsbau erlassen werd, kriegt mich niemand lebendig in de Händ. Wenn Sie denken, Sie können ewos für mich tue, do wär ich Ihnen racht dankbar. Vielleicht versuchen Sies doch emol!«

Einen kurzen Gruß noch, und der Wildschütz war verschwunden. Tief im Innersten von dem Erlebnis berührt, ging der Pächter heim ins Gut. Er erwog hin und her, ob er die Begegnung für sich behalten oder sie den Behörden mitteilen sollte. Zur rechten Stunde besann er sich noch, dem Major von Einsiedel die ganze Sache zu unterbreiten. Der Major fand seine günstige Meinung über den Fall nur bestätigt. Er gab dem Pächter auf, Verschwiegenheit zu bewahren, und wartete weiter auf eine Gelegenheit, für Stülpner etwas tun zu können.

Stülpner dauerte das alles zu lang. Da er den verständlichen Wunsch hatte, bald aus der Ungewißheit herauszukommen, glaubte er nicht an Hemmungen, zumal ihm sein Fall recht einfach erschien. Er war nun einmal der Überzeugung, den Wald zu begehen und das Wild zu schießen sei sein gutes Recht. Er war aber verständig genug, einzusehen, daß er als einzelner für die Dauer nicht Widerstand leisten könne. Sein Jagdeifer ließ nach. Die Genossen waren auch nicht mehr wie früher. Der Satziger hatte das Reißen, er ging dann und wann nach Satzung, erwähnte auch zuweilen eine Tochter, in deren Haushalt er sich nützlich zu machen gedenke. Eines Tages rückte er ab. Sie trennten sich zwar in Frieden, aber Stülpner sah ihm finster nach, als gönnte er ihm die Rückkehr ins geordnete Leben nicht. Dem Hühnel gefiel es in Gesellschaft des immer mürrischen Stülpner auch nicht mehr recht. Er hatte schon lange einen Zukunftsplan. Der Selter verdiente mit dem Paschhandel eine Menge Geld. Was der Selter konnte, das brachte das Hühnel auch. Er malte die Zukunft in rosigen Farben: »Karl, jeden Hirsch, den du schießt, bringst du zu mir!« Stülpner ging gleich zur Höhle hinaus, er konnte das nicht anhören, ohne grob zu werden. Aber nun war der Entschluß gefaßt: Vor die richtige Schmiede wird gegangen! Mag daraus werden, was da will!

Er strich nun tagelang in der Nähe des Schlosses Scharfenstein umher, hoffend, den Major auf einem Spaziergange treffen zu können. Den plagte aber gerade das Zipperlein, so daß er das Zimmer nicht verließ. Stülpner war bald in Verzweiflung.

Da, an einem leidlich warmen Abende, kamen dem Wildschützen zwei Herren auf dem Waldsteg entgegen: der Major und sein Freund und Gutsnachbar, der Rittmeister von Zinsky. Im angelegentlichsten Gespräch dankten sie dem ehrerbietig grüßenden Forstmann, und wollten gleichgültig weitergehen. Sie waren etwas überrascht, als sich der Grüne in den Weg stellte und zwar mit Achtung, aber fest und sicher sagte: »Gnädigster Herr möchten erlauben, mit Euer Gnaden zu sprechen.« Der Major blieb stehen und sagte freundlich: »Was ist denn los? Rede Er!« Als Stülpner begann: »Euer Gnaden, ich bie der Wildschütz Stülpner aus Scharfenstein«, da zuckte es über das Gesicht des Majors, er rief dem diskret zur Seite getretenen Rittmeister zu: »Zinsky, kommen Sie mal her, hier ist der Stülpner, der Teufelsbraten!« Dann sah er sich den mißratenen Untertan sehr genau an und bemerkte gnädig: »Nun schieß Er mal los, was Er von mir will!«

Stülpner glaubte aus dem barschen Wesen doch etwas Wohlwollen zu erkennen und sprach frei von der Leber weg. Der Major unterbrach ihn: »Er hat manchen Bock geschossen in seinem Leben!«

81

Stülpner bemerkte etwas doppelsinnig: »Jawohl, gnädigster Herr, wie mer dos nimmt, in jeder Beziehung!« Der Major lachte, daß es dröhnte: »Von den Böcken, die Er mir geschossen, nicht zu reden; aber Er, Teufelskerl, warum ist Er von seinem Regiment, noch dazu aus dem Arrest desertiert? Das tut ein ehrliebender Soldat nicht!« Stülpner verteidigte sich. Er erzählte, wie er gepreßt worden sei, wie er als einziger Sohn, ganz gegen des allergnädigsten Herrn Kurfürsten Verordnung, die Mutter in Not und Sorge um ihren Lebensunterhalt habe verlassen müssen. Alles nur wegen des Gerichtsdirektors Günther, der seine Macht hätte zeigen wollen.

Der Major sagte zum Rittmeister: »Habe ich Ihnen das nicht gesagt?« und zu Stülpner gewendet: »Wie denkt Er nun aus dieser Affäre herauszukommen?« Stülpner gab ruhig und fest zur Antwort: »Durch Euer Gnaden gnädigste Fürsprache! Ich will freiwillig zum Regiment zurückkehren, aber eine entehrende Strafe als Wildschütz bitte ich mir in Gnaden zu erlassen!« Der Major überlegte: »Ja, mein Lieber, so leicht geht das nicht!« Und nun folgte eine herzhafte Strafpredigt, gespickt mit allerlei liebevollen Reden und Wendungen, wie sie zu dieser Zeit bei dem Militär beliebt waren. Das Ende vom Liede war aber doch, daß der Major sich unter der Bedingung für ihn verwenden wolle, wenn er die Wilddieberei völlig aufgebe und sich bis zum Austrag der Sache vollständig ruhig verhalte. Stülpner versprach ihm das in die Hand. »Schade um Ihn!« sagte der Major. »Er hätte es in einem ehrlichen Berufe zu etwas bringen können!« – »Dazu ists hoffentlich noch net zu spät!« versichert der Karl.

Der Rittmeister von Zinsky hatte sich bisher noch nicht ins Gespräch gemischt. Nun sagte er: »Wovon soll denn aber der Mann leben, wenn er sein Gewerbe aufgibt und augenblicklich doch nichts anderes anfangen kann?« – »Da werd ich ihm jede Woche einen Laubtaler bezahlen«, versprach der Major, »da hat er Geld!« – »Und ich lege ihm aller vierzehn Tage ein Viertel Korn zu, das er bei mir abholen kann, da hat er Brot!« versicherte der Rittmeister. Stülpner war wirklich innerlich ergriffen von dem Wohlwollen der beiden Herren, dankte gerührt und versprach nochmals, sich streng nach ihren Anweisungen zu verhalten. Er wollte auch sein Waldleben aufgeben und bat darum, sich bei seiner Mutter aufhalten zu dürfen. Der Major hatte zwar Bedenken: »Eigentlich kann ich vor Seiner Begnadigung das nicht gestatten, aber wenn Er sich präsentabel benimmt, wird niemand etwas dagegen haben. Meide er nur die Öffentlichkeit! Wer sich grün macht, den fressen die Ziegen!«

Die beiden Herren gingen weiter und ließen Stülpner in einem Widerstreit der Gefühle zurück. Jetzt hatte das freie Waldleben ein Ende. Aber ein anderes Ziel winkte ihm: Ruhe und Frieden, unverfolgt und ungehetzt zu sein, seine Tage bei der Mutter zubringen dürfen – und bei der Rösel. Als er in die Höhle am Greifenstein zurückkam, gabs nur eine kurze Auseinandersetzung mit dem Hühnel. Sie trennten sich in der Nacht noch. Das Hühnel wanderte nach Preßnitz, um sich als Geschäftsmann zu versuchen. Stülpner ging zur Mutter. Als sie voneinander gingen, sagte das Hühnel noch: »Karl, laß dir net alles gefalln! Wenn sies zu toll treibn, dann kommst halt zu mir! Wir beide kommen miteinander durch!«

Die beiden Edelleute hielten ihr Versprechen. Nach wenigen Tagen ging ein Gnadengesuch an den Kurfürsten ab, unterschrieben von den Herren von Einsiedel und von Zinsky, wozu sich noch als dritter der Kammerherr von Nostiz gesellte. Jetzt galt es nun, Geduld zu haben.

Als Stülpner am frühen Morgen nach der Trennung vom Hühnel in das Stübchen seiner Mutter mit der Nachricht trat, er ginge nicht wieder fort, war es der alten Frau, als sei nach langen dunklen Jahren der erste Sonnenstrahl in ihr armes Leben gefallen. Sie wurde fast kindisch in ihrer Herzensfreude; sie streichelte den großen Jungen, machte ein Feuer im Ofen, als sei der härteste Winter und der Sohn sei in Frostnacht halberfroren zu ihr gekommen. Eine Suppe kochte sie, die ihre Art hatte. Dazwischenhinein lief sie wieder zur Haustür hinaus und sah die Straße hinauf, ob sich nicht das Rösel blicken ließe, denn diese Neuigkeit ging das Mädchen doch recht sehr mit an. Karl genoß die Liebe der Mutter in verlegenem Behagen, eine Ahnung ging ihm auf, was er die vielen Jahre entbehrt hatte. Er saß in der Ecke am Ofen, seine Pfeife rauchend, und kam sich vor wie ein eingefangenes wildes Tier, dem man die ersten Stunden seiner Gefangenschaft durch ein paar Leckerbissen zu versüßen sucht.

Im Laufe des Vormittags kam auch das Rösel, und auch ihr wachten Hoffnungen zu neuem Leben auf, die sie in manchen bangen, durchweinten Nächten schon eingesargt hatte. Die nächsten Wochen verliefen in ungetrübtem Zusammenleben. Karl hielt sein Wort, er mied den Forst, er holte sich seinen Laubtaler und sein Korn und machte sich der Mutter nützlich. Er besserte an dem Häuschen aus und hackte Holz für den Wintervorrat. Das Rösel kam aber seltener. Ihre Eltern hatten von dem Verhältnis zu dem Wildschützen doch Wind bekommen. Und wenn auch der Vater aus geschäftlichen Gründen in seiner Gaststube oft genug in das Lob auf den Helden mit einstimmte, als Tochtermann wollte er ihn doch nicht haben. Die Mutter war entschieden dagegen, sie hatte nie begriffen, warum das Mädchen alle Freier ausschlug, aber das Rösel sollte einen ordentlichen haben, keinen vogelfreien Verbrecher. Man durfte der Mutter nicht viel davon sprechen, sie war recht kränklich und regte sich gleich sehr auf, wenn nur die Rede auf Stülpner kam. Das Rösel war oft recht verzweifelt, aber ihr Karl tröstete sie: »Es will alles sei Zeit hobn, loß när erst meine Begnadigung do sei, dann werden deine Leut aah annere Gedanken kriegen!«

DIE BELAGERUNG VON SCHARFENSTEIN

Woche um Woche ging ins Land. Das Dekret der Begnadigung war noch nicht eingegangen. Stülpner machte allerlei Pläne für die Zukunft. Das friedliche Forsthaus mit der Rösel als Förstersfrau spielte die Hauptrolle dabei. Man ließ den Wildschütz ungeschoren. Zwar hatte der Major den Geächteten nicht sicher sprechen können, man glaubte aber bei den Behörden den Wünschen des Herrn entgegenzukommen, wenn man vom Dasein des Strafverfolgten keinerlei Kenntnis nahm. Stülpner ging bei Tage wenig aus, um sich nicht sehen zu lassen, seine Dorfgenossen hielten auch reinen Mund, so kam das Gerücht von seiner Anwesenheit erst spät in die benachbarten Orte. Man ließ fünf gerad sein, ja bei vielen verblaßte die Anteilnahme an dem Helden und seinem Schicksal.

Nur der Gerichtsdirektor Günther vergaß nichts. Vor allem hatte die Rüge des Majors in ihm allen Haß neu auflodern lassen, und er fieberte auf die Gelegenheit, sich rächen zu können. Fortgesetzt blieb er mit Scharfenstein in heimlicher Verbindung. Er erfuhr von der Anwesenheit Stülpners, traute sich aber, in Rücksicht auf den Herrn von Einsiedel nicht, gegen den Verhaßten öffentlich vorzugehen. Da brachten ihm seine Kundschafter die Freudenbotschaft, der Major müsse auf einige Zeit nach Glauchau reisen. Kaum war die Luft rein, so wendete sich Günther an die Forstleute, von denen er wußte, daß sie an Stülpner gern noch ihr Mütchen gekühlt hätten. Er bestellte sie für einen bestimmten Abend heimlich nach Scharfenstein, um Stülpner auszuheben. Von seinem getreuen Gerichtsfron Wolf begleitet, begab er sich gegen den Abend in das Dorf und nahm beim Gutspächter Philipp Quartier, ohne indes von seinem Vorhaben etwas zu verraten, da er wußte, daß dieser rechtliche Mann womöglich den Verbrecher gewarnt haben würde. Als die Nacht hereinbrach, erschien auch ein Kommando von 79 Mann des Annaberger Bataillons vom Regiment Prinz Maximilian unter Führung des Premierleutnants Oehm. Es war ein schlimmer Novemberabend, Sturmgeheul und Regenschauer zwangen die Menschen in die Häuser an den warmen Ofen.

Auch Stülpner fühlte die Wohligkeit des Mutterstübchens mehr als sonst und hatte sich in die Ofenecke verkrochen, wo es am wärmsten war. Es schlug zehn, und er wollte sich eben zum Schlafengehen anschicken, klopfte aber als Mann von Ordnung seine Pfeife erst noch über dem Aschenkasten aus. Da pochte es plötzlich derb an die Haustür. Im Nu war er am Fenster und spähte in die Nacht hinaus. Er konnte nichts entdecken. Er löschte das Licht aus und schlich leise durch die Hausflur zur Tür, um zu horchen; die Sache war ihm nicht geheuer. Draußen war ebenfalls Ruhe. Da öffnete er ganz behutsam einen Spalt und sah hinaus. Sein an die Finsternis gewöhntes Auge unterschied eine Menge Gestalten, an einem leisen Klirren merkte er auch, daß es Bewaffnete waren. »Aha! Die Katze ist aus dem Haus! Die Mäuse haben freie Luft! Das gilt mir!« murmelte er verbissen. Schon war er aber wieder seiner selbst und auch der Lage Herr. Er machte die Tür auf, aber so, daß sie ihn, der dahinterstand, völlig verbarg. Wie die Wahnsinnigen, so drang die Meute herein, allen voran der Gerichtsdirektor mit seinem Fron. Versteckt gewesene Laternen wurden hervorgebracht, die Hausflur ward hell, dann verzog sich das Licht in die Stube der Mutter, wo unter Toben und Schreien nach dem Wildschützen gesucht wurde. Als der Hausraum wieder dunkel war, schlüpfte Stülpner hinaus. Die Soldaten auf der Straße bemerkten ihn in der rabenschwarzen Finsternis nicht. So schnell ihn seine Beine trugen, rannte er nach Grießbach, um sich seinen Stutz zu holen, den er dort bei einem Vertrauten verborgen hatte.

In dem Stübchen der Mutter ging es wüst her. Man merkte bald, daß der Vogel ausgeflogen sei. Aber man vermutete ihn doch noch im Hause; drehte alle Tische und Bänke um, riß die Dielen auf und schoß durch den Schornstein. Der Wildschütz mußte nicht lange erst fort sein, denn auf dem Tisch lag noch sein scharfgeschliffener Hirschfänger, und an der Wand hingen seine Jagdtasche und ein Rock. Diese Dinge wurden als gute Beute konfisziert.

Bei dem ersten Krawall war Karls Mutter erschrocken aus dem Schlafe gefahren, ehe sie sich aber zurechtfand und anziehen konnte, wurde die Tür aufgeschlagen, der Gerichtsfron Wolf drang herein und schrie die Alte an: »Nun, du altes Mensch, wo ist denn dein Sohn, der Verbrecher, der muß ins Zuchthaus!« Vor Schreck brachte die Mutter kein Wort heraus. Da packte der Unhold sie, riß sie aus dem Bett und schleppte sie in die Stube. Hier drangen alle auf sie ein, sie sollte sagen, wo ihr Sohn sei. Fast ohnmächtig war sie zusammengesunken und wollte und konnte kein Wort sagen. Da schlug der unmenschliche Wolf mit seinem schweren Büttelstock auf sie ein: »Red! Sonst werd ich dir das Maul öffnen!« Vor Angst, fast dem Sterben nahe, gab sie endlich Antwort. Ja, ihr Sohn sei dagewesen, noch vor einer Stunde. Sie wisse aber bestimmt nicht, wann, wie und wohin er sich entfernt habe. Günther herrschte sie nun an, daß sie selbst eine Verbrecherin sei, der der Prozeß gemacht werden müsse. Der Hehler sei so schlimm wie der Stehler! Sie solle sich selbst retten und den Lumpen preisgeben. Den wolle man in Eisen schmieden und öffentlich ausstellen als den größten Verbrecher des Jahrhunderts. Da fand die alte Frau endlich Worte zur Verteidigung ihres Jungen. Das sei nicht wahr! Er habe auch seinem Gewerbe als Wildschütz entsagt, alle Tage könne die Begnadigung eintreffen. Hochgestellte Herren hätten ihm auch erlaubt, bei ihr zu bleiben. Das sei alles Larifari, ließ sich der Gerichtsdirektor da vernehmen. Die Straftaten seien noch nicht gesühnt. Jetzt habe das Gericht das Wort. Er platzte bald vor Wut, daß aus der Alten nichts herauszubekommen war.

Die Förster redeten ihm nun zu, es doch einmal im Guten mit ihr zu versuchen. Der Büttel meinte aber, man solle keinen Ruß mit der alten Hexe machen und sie einsperren. Aber der Vorschlag der Forstmänner fand mehr Beifall. Sie redeten ihr gut zu. Es solle ihr nichts geschehen. Es wäre ja auch besser für ihren Sohn, wenn der Gerechtigkeit Genüge geschehe. Er könnte ja dann auch noch begnadigt werden. Da die Alte immer noch nichts verriet, nahm man sich vor, ihr Zeit zu lassen, sie werde sich schon noch besinnen. Man bedauerte, daß man ihr diese Umstände gemacht habe, es sei alles auf hohen Befehl geschehen. Die Alte konnte aber trotzdem nichts gestehen. Dem Premierleutnant war das Ganze, wie man ihm anmerkte, ein unwürdiges Schauspiel. »Man lasse endlich die alte Frau in Ruhe«, befahl er und ging zum Hause hinaus. Enttäuscht und ergrimmt folgten ihm der Gerichtsdirektor mit seinem Büttel und die Forstbeamten. Die Herren gingen hinauf ins Schloß, die Soldaten wurden im Gasthof einquartiert, wo das Rösel mit verweinten

Augen herumlief. Der Offizier gab den Befehl, daß um acht Uhr die Abteilung marschbereit dastehen solle, er wollte endlich nach Annaberg zurück.

In Grießbach hatte Stülpner seinen Stutz vorgefunden. Seine ganze Munition steckte aber in seiner Jagdtasche, die zu Haus an der Wand hing. Der Freund konnte nicht aushelfen, aber er besann sich auf einen kleinen Vorrat von Kommißkugeln, die einmal ein quartierender Soldat zurückgelassen hatte. Sie waren für Stülpners Gewehrlauf zu groß. Karl blieb nichts anders übrig, als die Kugeln mit dem Messer kleiner zu schnitzeln. Nach zweistündiger saurer Arbeit besaß er etwa zwanzig passende Kugeln. Er war bisher wie im Fieber gewesen, kam kaum zum Nachdenken, als hätte ihn jemand so recht derb auf den Kopf geschlagen. Der Grießbacher Bauer fragte nur mühsam aus ihm heraus, was in Scharfenstein geschehen war. Aus Stülpners finsterer, entschlossener Miene las er Furchtbares für die nächsten Stunden.

Es war noch Nacht und ein ungeheures Regenwetter, als Karl wieder aufbrach. Schwarz, wie die ihn umgebende Finsternis, waren auch seine Gedanken: »Alles umsonst! Schad um meinen guten Willen. Ich soll nun einmal gehetzt werden! Also gut! Aber wehe euch, wenn meiner alten Mutter etwas geschehen ist!« Die Angst und Besorgnis peitschten ihn vorwärts. Das Dörfchen Scharfenstein lag ruhig. Oben im Schloß blitzten einige erleuchtete Fenster. »Dort werden die Schufte sitzen und ihre Heldentaten begießen!« dachte er ergrimmt. Zunächst traute er sich noch nicht ins Mutterhaus. Er klopfte beim Nachbar an den Fensterladen, um das Nötige zu erfahren.

Der Nachbar merkte kaum, wer draußen klopfte, als er auch schon die Haustür öffnete. Als er Stülpner mit der Büchse sah, murmelte er: »Das hob ich mir gedacht! Die Lumpenbande is net anders wert!« Der durchnäßte und durchfieberte Karl saß auf der Ofenbank und hörte den Bericht. Die Durchsuchung des Hauses und die Beschlagnahme seines Eigentums ließen ihn noch kühl, als er aber von den Beschimpfungen und Mißhandlungen der Mutter hörte, brach er in eine Wut aus, daß dem Nachbar himmelangst wurde. Er vernahm noch, daß das Militär im Gasthaus liege und die Herren im Schlosse

Aufnahme gefunden hätten. Dann stürmte er hinaus, Rachegedanken durch die Zähne pressend, daß diese knirschten, und begab sich hinauf ans Schloßtor.

Es war gegen sechs Uhr morgens und der Regen hatte nachgelassen. Die Büchse geladen, stand der Wildschütz dort, bereit, das Äußerste zu tun. Im Schloß fing das morgendliche Leben an. Einige Fenster wurden hell, und man hörte im Schloßhof die Mägde am Brunnen Wasser holen. Da knarrte die Türe in den Angeln, das kleine Personentor ging auf, und zwei Schloßdiener erschienen, die – Stülpners Rock und Jagdtasche und seinen Hirschfänger trugen. Sie prallten erschrocken zurück, als sie Stülpner sahen, der ihnen mit furchtbarer Stimme zurief: »Wo wollt ihr mit mein Zeug hie?« – »Ofs Wolkenstäner Amt«, antworteten sie eilfertig, »der Gerichtsdirektor hoot uns geschickt!« Sie gingen einen Schritt weiter, aber Stülpner herrschte sie an: »Hiergebliebn! Itze warn meine Sachen hiegelegt, oder, weiß Gott, ich schieß euch übern Haufen!« Da flogen die Sachen nur so auf den Boden, die Tür öffnete sich eilfertig, und die Boten waren verschwunden. In aller Ruhe zog Karl seinen Jagdrock an, schnallte den Hirschfänger um und hing sich die Tasche über die Schulter. Als er sich überzeugt, daß nichts herausgenommen war, sah er beruhigt dem Kommenden entgegen, vor allem hatte er neue Munition genug.

Im Schlosse wurde mehr Leben. Die Nachricht der behördlichen Boten hatte gewirkt, als sei in ein Wespennest gestochen worden. Kommandos und Flüche ertönten, Pferde hörte man trappen, Lichter huschten hin und her. Fenster öffneten sich, man spähte hinaus, um den Feind beobachten zu können. Der stand, einsam in seiner Furchtbarkeit, an die Wegemauer gelehnt, die Büchse schußfertig in der Hand, und sein finsteres Gesicht verhieß nichts Gutes.

Die Herren drinnen im Schloß waren ebenso bestürzt wie die Dienerschaft, besonders der Herr Gerichtsdirektor fiel aus einem Angstzustand in den andern. Nur der Premierleutnant ging mit spöttischem Gesicht umher. Der Oberförster Pügner aus Geyer empfand das Beschämende dieser Lage, und er schlug vor, daß man einfach zum Tor hinausreiten wolle; dieser berittenen Übermacht gegenüber werde der Vagabund weichen. Acht Forstleute, der Offizier und der käseweiße Gerichtsdirektor schwangen sich auf die Rosse. Das Schloßtor sprang auf – aber da scholl ihnen ein furchtbares »Halt!« entgegen, und ein Büchsenlauf hatte sich bedrohlich erhoben. Da stockte der Beritt, aber der Oberförster Pügner schrie: »Immer vorwärts, er wird es nicht wagen, auf uns zu schießen!« Das letzte Wort war noch nicht heraus, da krachten zwei Schüsse, und Pügners Pferd, in den Hinterteil getroffen, machte einen gewaltigen Satz, bäumte sich und schlug wie rasend aus, daß der ganze Trupp in Verwirrung kam –. Im Augenblick waren die tapferen Reiter wieder drinnen im Schloßhofe. Das Tor krachte zu, sie waren wieder sicher.

Man rief vom Schloßfenster herab auf die Straße, wo sich ein Häuflein Neugieriger angesammelt hatte, es solle sich einer in den Gasthof begeben und dem Militärkommando den Befehl überbringen, sogleich ins Schloß zu rücken. Es dauerte eine ganze Weile, bis sich notgedrungen einer bereit finden ließ, den Weg zu gehen. Stülpner war unterdessen über die Mauer in den Bleichgarten des Schlosses gesprungen und hatte in der Mauer eine vorzügliche Deckung. Er konnte mit seinen Kugeln die ganze Gegend bestreichen, ohne selbst gesehen zu werden.

Von der Dorfstraße her hörte man einen strammen Marschschritt, die Soldaten nahten sich. Schon kamen sie den Berg heraufgezogen. Da hob sich Stülpner über die Mauer: »Hat ener Lust, auf mich zu schießen, do schieß er in Teufels Name, mich schießt kener tut! Oder wollt ihr en alten Maximilianer den Zivilschustern ausliefern?«

Da geschah das Unglaubliche, daß sämtliches Militär im Eilschritt vorbei und in das Schloß marschierte, ohne den, dem der Kriegszug galt, anzugreifen. Die Korporäle entschuldigten sich mit dem erhaltenen Befehle, sie sollten ins Schloß rücken, weiter nichts; was ihnen unterwegs der fremde Forstmann zugerufen, gehe sie gar nichts an. Der Premier sagte kein Wort dazu. Es war ihm anzumerken, daß ihm die ganze Sache so zuwider wie möglich war. Außerdem war ihm Stülpner kein Unbekannter, er hatte im Kreise der Kameraden genug und nichts Unrühmliches von ihm gehört. Der Gerichtsdirektor schäumte vor Wut und drang in den Offizier ein, der Komödie ein Ende zu machen. Doch dieser ließ ihn abfliegen. Er habe Befehl, eine Arretur zu decken, nicht gegen einen einzigen Gegner Ausfälle zu machen. Sie seien im übrigen Leute genug, um sich selbst zu helfen. Den ganzen Tag zog sich die Sache hin, und draußen stand der Belagerer, mächtig in seiner Einsamkeit, und hielt das ganze Schloß in Schach. Als das Abenddunkel nahte, verließ der Schreckliche seinen Posten, ging erst zu seiner Mutter, redete ihr gut zu und verschwand im Finstern. Er ging zu seinem Helfershelfer nach Grießbach.

Lange nach Stülpners Abzug wagten sich die Eingeschlossenen endlich aus dem Schlosse heraus, aber nicht hoch zu Roß! Von den Soldaten als Schutzwall umgeben, schlichen sie mit gesenkten Köpfen durchs Dorf und ließen sich die Pferde hinterherführen.

Als Stülpner seinem Freunde in Grießbach die Geschichte erzählte, stand der starr und staunte den Kühnen an wie einen Halbgott. Aber der war ruhig bei der Sache. Er trank sein Schnäpschen, stopfte seine Pfeife und sagte: »Esu schlimm ist die ganze Sach gar net, wie se aussieht. Dos is nu emol su, ich hob nischt mehr zu gewinne und nischt mehr zu verlirn. Wos wärs gewasen, wenn ich aah e Kugel ogekriegt hätt. Wos hoot dä dos ganze Labn noch für an Zweck für mir? Und, do kast de sicher sei, dos wußten die im Schloß alle ganz genau: Der erste, der of mir schoß, war aah verlorn wie ene arme Seel, do verloß dich drauf! Und die Soldaten? Do war der Feldwebel, der Zienert-Nand aus der Schmalzgrub, der tut mir nischt, un bei den annern warn esu viel bekannte Gesichter, die hätten net of mir geschossen. Der Leutnant? Ich müßt mich ben Militär schlacht auskenne, wenn dar net erbaut dervu war, den Faderfuchsern de Arbet zu machen! Ich bie bluß neugierig, wos se nu aafange warn!« Er schlief auch die Nacht ruhig, als habe kein Aufruhr in ihm getobt. Am Morgen ging er wieder zu seiner Mutter. Er brachte die verwüstete Stube wieder in Ordnung. Aber wortlos und verschlossen lief er umher. Jetzt mußte es sich entscheiden, ob man ihm die Rückkehr ins ehrliche Leben auf ewig verschließen wollte oder nicht.

Das ganze Dorf war voller Entrüstung über den Gerichtsdirektor und besonders über den elenden Büttel. Daß Stülpner über Rachegedanken brütete, sah ihm jeder an. Der Rittmeister von Zinsky hieß ihn zu sich kommen und über den Vorfall berichten. Er versprach, dem Major von Einsiedel nach Glauchau Nachricht von dem Übergriffe des Gerichtsdirektors zu senden. Im übrigen erheiterte ihn das

Stücklein ganz ersichtlich, und Stülpner erhielt, außer seinem Korn, einen Laubtaler als Extrabelohnung.

Zwei Tage nach der Belagerung traf Karl einen Geyerschen, den er kannte. Er gab diesem einen Auftrag für den Oberförster Pügner mit. Er solle den Oberförster von Karl Stülpner herzlich grüßen und ihm sagen, er solle ja nicht glauben, der Schuß am Schloßtor habe seiner ehrenwerten Person gegolten. Der Treffer in den Hinterteil des Pferdes sei voll beabsichtigt gewesen, nur um dem Oberförster zu beweisen, daß geladene Gewehre losgehen. Für den Herrn Pügner könne das auch einmal gefährlich werden, wenn er sich weiter um Stülpners Person kümmere.

Infolge der vielen Beteiligten verbreitete sich die ganze Geschichte wie ein Lauffeuer im ganzen Lande. Stülpners Name war in aller Mund. Wer den Schaden hat, braucht nie zu sorgen, daß es ihm an Spott fehlt. Das mußte der Gerichtsdirektor Günther an seinem Leibe recht übel empfinden. Wo er auch nur auftrat, lachten ihm spöttische Gesichter entgegen, so daß er sich gar nicht mehr aus der Tür wagte. Geradezu elend vor Wut ward ihm aber, als er eine Botschaft von Stülpner empfing. Dieselbe enthielt in aller Kürze den wohlgemeinten Rat, eine Zeitlang Scharfenstein zu meiden. Stülpner könne ihm zwar den Ort nicht verbieten, aber es sei zu befürchten, daß er nicht mit heiler Haut nach Thum zurückkehren werde. Der Gerichtshalter hielt es denn doch für geraten, sich zu fügen, aber der Ärger zehrte so an ihm, daß er sichtlich abmagerte.

Am meisten in Angst und Sorge war aber der Gerichtsbüttel Wolf. Daß er bei dieser Entwicklung der Dinge nicht straffrei ausgehen werde, verstand sich von selbst. Hatte er in der Nacht nach dem Überfalle im Scharfensteiner Schlosse den Bediensteten gegenüber noch geprahlt, wie er der Alten Mores gelehrt habe, und sich vermessen, mit dem Mosjö Sohn ebenso zu verfahren, so war er jetzt recht kleinlaut geworden und segnete den Entschluß des Gerichtsdirektors, Scharfenstein eine Zeitlang zu meiden.

Wütend war Stülpner, daß ihm bei dem Überfall eine Menge Dinge abhanden gekommen waren. Ob die Forstleute oder die Soldaten geplündert hatten, ließ sich schwer sagen, jedenfalls beklagte Karl den Verlust von drei Dutzend Hemden, zwei Dutzend Strümpfen, einem Dutzend Taschentüchern und einem Paar neuer Stiefeln. Auch einige Würste und ein Schinken waren aus dem Rauchfang verschwunden. Karl konnte die Rückkehr des Majors gar nicht erwarten, denn von ihm erhoffte er immer noch eine günstige Wendung seines Schicksals.

Der Major hatte zu Glauchau die Nachricht von dem Rittmeister von Zinsky erhalten und war wütend. Er beschleunigte seine Rückkunft. Als er von dem Pächter Philipp den Hergang der Sache erfuhr, richtete sich sein ganzer Unmut gegen den Gerichtsdirektor, und er nahm sich vor, nunmehr öffentlich für Stülpner einzutreten.

Das ganze Dorf geriet in Staunen, als der Major in Begleitung des Pächters eines Tages im Stülpnerschen Stübchen höchstpersönlich erschien, um Mutter und Sohn seine Anteilnahme auszusprechen. Er war entrüstet, daß man bei der Affäre eine Anzahl von Gegenständen zertrümmert und entwendet hatte. Er meinte aber auch, der Gerichtsdirektor werde den Schaden vergüten, wenn hingegen Stülpner verspräche, ihn bei etwaigen Besuchen in Scharfenstein in Ruhe zu lassen. Stülpner ließ sich nur auf vieles Zureden dazu bringen, fünfzig Taler zu fordern. Auch in bezug auf die Sicherheit des Gerichtsdirektors gab er unter der Beeinflussung des Majors nach. Nur mit dem Büttel wollte er in keine Kapitulation eingehen. Er verlangte, der Gerichtsdirektor dürfe nie den Büttel wieder mitbringen, sonst geschähe ein Unglück. Der Major begriff die Rachegelüste des schwergereizten Mannes und ließ den Thumern bedeuten, solange Stülpner lebe, den Büttel zu Hause zu lassen.

Der Gerichtsdirekktor war froh, sich von seiner Angst loskaufen zu können, und sandte sofort die geforderten fünfzig Taler an den Pächter, der sie Stülpner aushändigen sollte. Bei dieser Bereitwilligkeit bereute Karl, nicht das Doppelte gewünscht zu haben, er hätte es sicherlich auch bekommen. Schon nach drei Tagen war Gerichtstag in Scharfenstein, und der Gerichtsdirektor erschien, aber ohne seinen getreuen Büttel, und Stülpner hielt sein Versprechen und ließ ihn ungefährdet nach Thum zurückkehren. Da man von Stülpner auch im nächsten halben Jahre nichts verspürte, so glaubte man allgemein, bei ihm sei über die ganze Angelegenheit Gras gewachsen. Als darum in Scharfenstein eine Exekution vor sich gehen sollte, brachte der Gerichtshalter den Büttel wieder mit, in der Meinung, Stülpner werde sich den behördlichen Personen gegenüber keinen Übergriff erlauben. Wohl hatte in Stülpners Brust die Flamme der Rache geschlummert, aber die Kunde von der Anwesenheit des Büttels war der Windstoß, der sie wieder in hellem Feuer lodern ließ.

Die Amtshandlung war vorbei, und die Gerichtsleute schickten sich an, nach Thum zurückzukehren. Der Büttel ging voraus. Kaum war er aber dreihundert Schritte vom Schlosse entfernt, da brach das Verhängnis über ihn herein. Stülpner kam ihm auf dem Schloßberg entgegen und donnerte ihn an: »Bist du der Büttel aus Thum?« Mit schlotternden Knien und entfärbten Gesicht stotterte der: »Ja.« Da packte Stülpner ihn an: »Du bist also der elende Schuft, der meine alte Mutter esu schändlich mißhandelt hoot? Und du Affengesicht hast aah noch geprahlt, mich zu packen, wu de mich när fändst? Na, komm har, itze war ich dich emol springe und tanzen lossen!« Und schon schlug er ihn mit der Faust zu Boden. Der Büttel richtete sich schnell auf und lief, was die Beine nur hergaben, fort. Aber Stülpner ereilte ihn nicht weit vom Gasthof. Ein Griff, und er hatte dem Elenden das Zeichen seiner Würde, das spanische Rohr, aus der Hand gerissen. Und nun schlug er den Stock an dem Körper des Schurken in tausend Stücke. Den letzten Rest warf er ihm ins Gesicht: »So, itze hast du dein Dank! Itze weßt du auch, wie das tut! Du hosts in dein Labn e manning esu gemacht!«

Der Büttel konnte sich vor Beulen und Schwielen kaum rühren. Mehr noch schmerzten ihn Scham und Wut. Mühsam erhob er sich, in der Absicht, nach dem Schlosse zurückzuhinken und Hilfe gegen seinen Peiniger zu holen. Aber er hatte wieder die Rechnung ohne den Wirt gemacht. Stülpner stieß ihn auf den Weg nach Thum und gab ihm den guten Rat: »Dorthie giehst du, oder dos Donnerwetter werd dich vollends zerhaa!« Wie ein geprügelter Hund schlich er ab und hat sich nie wieder in Scharfenstein sehen lassen. Keine Hand rührte sich für ihn, obwohl er um Hilfe schrie, daß es einen Stein hätte erbarmen können. Ja, durch sein Wehgebrüll hatte er den Major, den Rittmeister, den Pächter, seinen Gerichtsdirektor und andere Herrschaften an die Fenster gelockt, die aber dem Schauspiel völlig unberührt zusahen. Der Gerichtsdirektor machte ein saures Gesicht, aber der Major sagte: »Ihm geschieht ganz recht, warum haben Sie ihn wieder mitgebracht!« Auch die anderen machten aus ihrer Schadenfreude kein Hehl und meinten, hier geschähe einmal eine Strafe an einem Kerl, den die Volksstimme schon lange verurteilt habe.

Damit war Karl Stülpner die Thumer Feinde endgültig los. Der Gerichtsdirektor sah ein, daß sich mit dem Wildschützen nicht spaßen lasse, und der Büttel hütete sich, seine Haut wieder zu Markte zu tragen. Sie hatten beide genug von der Scharfensteiner Belagerung.

WALDMÜDE

»Ruhe, schönstes Glück der Erde!« hat einmal einer gesungen. Aber was soll der tun, dem in den Adern Feuer und nicht Blut rollt, dessen Gedanken, statt sich in den Schranken, die Gewohnheit und Gesetz gezogen, behaglich zu fühlen, überall Ecken und Kanten spürt, der vom warmen Ofen hinaus in die Kälte sehnt, aus friedlichem Tal zu steilen Höhen strebt? Wehe dem Menschen, der vor allen anderen gezeichnet ist, ein allezeit Ruheloser und Eigener zu sein! Aber auch Preis diesem Menschen, denn er hat die Gabe, indem er sich selbst verzehrt, ein Scheiterhaufen zu sein, der dem Stumpfen, von der Angst des Lebens Angefaßten, den Weg weist. Aber da kommen sie gelaufen, die Armseligen, Niedrigen, und schreien, das Feuer brenne zu hell, und sie reißen Scheit um Scheit aus dem Flammenstoß heraus. Was ist es auch, daß sie ihre Finger verbrennen, der lohende Turm bricht zusammen, ein niedriges Feuer schwelt noch auf der Erde hin, und der Rest ist – wie bei aller Kreatur, heißer und kälter – ein Häufchen Asche. –

Karl Stülpner begann dem Alltag seinen Zoll zu zahlen. Er mied zunächst den Wald ganz, dann ging er, mit einem friedlichen Stock bewehrt, am Rande hin; und wenn die Vögel sangen, der Hahn balzte und der Hirsch schrie, so war ihm das, als erzählte ihm sein Mütterchen ein Märchen aus alter Zeit. Untätig zu sein vermochte er nicht, aber eh' die Gnadenurkunde aus Dresden eingetroffen, war keinerlei Entscheidung für die Zukunft zu treffen. Der kleine Haushalt der Mutter bedurfte so starker Manneskraft nicht; er machte sich auf dem Schloß soviel nützlich als nur möglich. Kam der Major an dem Holzspaltenden vorbei, so erhielt er einen fragenden, unruhbangen Blick, aber die tägliche Antwort war: »Es ist noch nichts gekommen!«

Karls Gedanken spielten auch wieder Soldat, denn damit war gewiß zu rechnen, daß er beim Regiment die verfehlten Jahre nachholen müsse. Der Major riet auch, nach Chemnitz zu gehen und alte Regimentsfreundschaften aufzufrischen. Dreimal machte Stülpner die Wanderung. Im Jagdanzug schritt er in der volkreichen Stadt umher, von vielen erkannt, von allen ob seiner auffallenden Person angestaunt. In die Kaserne ging der alte Deserteur nicht, aber er besah die Nachtparade und besuchte den ältesten Gönner, den Major von Gundermann, der mit ihm einige Humpen trank, sich an den Erzählungen weidete und ihn nie ohne reichliche Geschenke entließ.

Sechzehn Gesuche waren an den kurfürstlichen Hof gegangen, aber eine Antwort erfolgte nicht. An alle Freunde und Kameraden wendete sich der Major, es wurde ihm immer bedeutet, die Gelegenheit, solch heiklen Fall vor die Ohren des Kurfürsten zu bringen, habe bisher gefehlt. Aber einer riet ihm, die einflußreichste Stelle am Hofe, an den Beichtvater des Landesfürsten, den würdigen Pater Herz zu gehen. Der Major wollte nicht selbst diese Hintertür aufschließen, aber er überließ Stülpner selbst, diesen Weg zu begehen. Mit Hilfe des schreibgewandten Pächters wurden zwei Briefe hergestellt, in denen Stülpner dem Pater sein Leben erzählte und von seinen Hoffnungen sprach. Der Pater war ein Menschenkenner, er ersah aus dem Briefe, daß hier ein ungewöhnlicher Geist mit den Fesseln der Gesellschaft gerungen, und daß er einer Hilfe nicht unwert sei. Er kannte aber auch seinen Kurfürsten und wußte, daß man ihm nur in günstigster Stimmung einen Entschluß in dieser Angelegenheit abzuringen vermochte. Um aber den Bittsteller nicht ohne Trost zu lassen, schrieb er nach Scharfenstein, er wolle sich der Sache gern annehmen, nur müsse man ihm Zeit lassen, denn Geduld, Gelegenheit und Zeit mache möglich die Unmöglichkeit.

Die Gelegenheit kam schneller, als alle Beteiligten gedacht hatten. Der Hof tafelte in Schloß Moritzburg. Es war gute Strecke zu sehen gewesen, und die Stimmung war jägergemäß ungezwungener als bei sonstiger Hofetikette. Ein guter Trunk half die Laune noch mehr verbessern. Da hielt der Pater die Zeit für gekommen. Er brachte mit feinem Scherz einige Stücklein aus Stülpners Jägerleben herbei und lustierte den hohen Herrn ungemein. Er erzählte aber auch von diesem eigenwilligen Schicksal und rührte das Herz des Monarchen. Die Jagdgesellschaft, die Absicht des Paters erkennend, stimmte lebhaft in das Bedauern ein, und der Kurfürst, vom eigenen Herzen und den Bitten der Tafelrunde gedrängt, ermächtigte seinen Kabinettsrat, die Begnadigungsakten in Sachen des pp. Stülpner ausfertigen zu lassen. Alles drängte in den Rat, das auf der Stelle zu tun, ehe etwa der Amtsschimmel die besten Körner aus diesem Futter herausfresse. Das Dekret ward hergestellt und nach aufgehobener Tafel sogleich vom Kurfürsten unterfertigt.

War Karl Stülpner vor Jahren durch öffentliche Bekanntmachungen für vogelfrei erklärt worden, so prangten an demselben schwarzen Brette, das die Ächtung Stülpners getragen, weiße Zettel mit der Aufschrift, der näher bezeichnete Karl Stülpner solle durch einen Gnadenakt des Kurfürstlichen Herrn seiner Strafe als Wildschütz enthoben sein. Um seinen militärischen Fehler zu sühnen, habe er zu seinem Regiment zurückzukehren. Selten hat ein Akt der Kabinettsjustiz soviel Verständnis beim Volke gefunden wie dieser. Einige verdorrte Juristen schüttelten zwar den Kopf, aber im Grunde ihrer Seele waren sie froh, daß der überaus verworrene Fall seine Lösung fand. Die Miene des Thumer Gerichtsdirektors war gallenbitter, als er die Bekanntmachung unterschrieb, und dem Büttel schmerzten alle Glieder noch einmal, als er den Zettel an das schwarze Brett heftete.

Im Stülpnerschen Stübchen herrschte Freude. Der Glanz, der das Gesicht der alten Mutter verklärte, und die Seligkeit, mit der das Rösel den Geliebten umfing, ließen in Karl alle Stimmen zur Ruhe kommen, die noch leise in ihm klagten.

Hocherfreut war auch der Major, und er versprach Stülpner, die Mutter weiter zu unterstützen, und was die Hauptsache war –, nach Ablauf der in solchen Fällen üblichen Dienstzeit von vier Jahren, eine Försterstelle offen zu halten.

Nun galt es, die gestellten Bedingungen gewissenhaft zu erfüllen. Schon am nächsten Morgen nahm Karl Abschied. Er ging auch zum Richter Wolf, und dieser wollte einer Verbindung seiner Rösel mit Karl nicht länger entgegen sein. Der alte Traum von dem friedlichen Forsthaus schien sich verwirklichen zu wollen. Darum war ihm auch die Wanderung zum Kommiß nach Chemnitz leicht, denn er trug ein mit Hoffnungen vollgepacktes Ränzel. Als zurückkehrender Deserteur hätte er zunächst entehrender Strafe gewärtig sein müssen, aber man nahm seine Meldung an, als käme er vom Urlaub wieder. Sein Eifer in der Erfüllung der militärischen Pflichten gewann ihm bald die Gunst der Vorgesetzten, sein stilles Wesen die Freundschaft der Kameraden wieder. Von seinem Jägerleben sprach er nicht gerne und nie viel. Auch von seinen Genossen und Helfershelfern fiel kein Name aus seinen Lippen. »Ich hab sie net gekannt!« oder »Ich will sie net mit Name nennen!« damit entschuldigte er sich, wenn er danach gefragt wurde. Er hätte sich als Held mancher Gesellschaft aufspielen und Essen und Trinken in Mengen haben können. Aber er verachtete solch Schmarotzertum und mied die Kreise, die nur von ihm und seinen Abenteuern unterhalten sein wollten.

Beim ersten Urlaub in Scharfenstein fand seine Trauung mit dem teuren Rösel statt. Die junge Frau blieb im Hause des Vaters, da die geringe Löhnung des Soldaten einen selbständigen Haushalt nicht gestattete. Zudem war Rösel im heimischen Gasthof unentbehrlich, da die Mutter kurz nach Stülpners Begnadigung gestorben war. Karls Mutter wurde auch noch die Freude zuteil, einen gesunden Enkel auf den Armen tragen zu können.

Der Gedanke an seine Familie und die Hoffnung auf eine sichere Zukunft ließen Karl alle Widerwärtigkeiten des Dienstes ertragen. Mußte er sich auch als Ehegatte und Vater oft recht kümmerlich behelfen, so fand er sich doch mit seiner Lage ohne Klagen ab. Die vier harten Jahre gingen vorüber, und er erwartete sehnlichst den Tag seiner Entlassung. Aber die neidische Fee, die an seiner Wiege gestanden, schien noch nicht alles Schlimme, das ihm bestimmt, ausgeteilt zu haben. Die Forstbeamten, die zwar keine Feindschaft mehr gegen ihn hegten, schienen sich nicht mit dem Gedanken abfinden zu können, daß der ehemalige Wildschütz gar einer ihrer Gilde werden sollte. Man sprach dem Major zwar nicht dagegen, wenn er Stülpners Fähigkeiten rühmte, aber man wußte geschickt seine Anstellung immer und immer wieder hinauszuschieben. Stülpner bewies eine Selbstbeherrschung sondergleichen, als er auch hier wieder geduldig wartete, was die Zukunft bringen werde. –

Draußen in der Welt gab es indessen Sturm, Blitz und Donnerschlag, die auch in manches Einzelschicksal verderblich einschlugen. Aus dem Feuermeer der französischen Revolution war als riesige Flamme der große Napoleon emporgezuckt und ging daran, alles Land in Europa zu verzehren. Er flammte auch in die deutschen Lande herüber, und man traf Anstalten, den Brandherd zu löschen.

Aber es stritten hier eine neue gegen eine veraltete Welt, und die alte unterlag. Seinen Bündnispflichten entsprechend hatte Sachsen den Preußen 20 000 Mann Hilfsvölker zu stellen, die im September des Schicksaljahres 1806 nach Thüringen marschierten. Unter den Truppen befand sich auch das Chemnitzer Regiment und bei ihm unser Stülpner-Karl. Die Sachsen fochten in der Jenaer Schlacht auf dem linken Flügel der preußischen Armee. Aber dem Ansturm Napoleons waren sie nicht gewachsen, sie unterlagen. Auf der Flucht wurde Stülpner von seinem Regiment versprengt und geriet in französische Gefangenschaft. Preußen und Sachsen, wahllos durcheinander, wurden von französischen Husaren nach Querfurt eskortiert, wo das Schloß als Gefangenenlager eingerichtet war. Mit dem Essen sah es übel aus, außer dem niederdrückenden Bewußtsein, ein Gefangener zu sein, gab es auch noch Hunger. Mit Wasser und Brot kann man sich nicht tagelang ernähren. Die Gefangenen murrten und klagten. Anders Stülpner, der Tatmann. Sein menschenkundiges Auge hatte bald einige Kameraden herausgespürt, mit denen etwas gewagt werden konnte. Die Verständigung brauchte nicht lange Zeit. Stricke wurden gesucht und gefunden, Kleidungsstücke zu Seilen gedreht, und in einer stürmischen Nacht ließen sich die Wagehalsigen aus dem dritten Stock des Schlosses hinunter. Von den Posten unbemerkt, entkamen sie nach Merseburg. Weitere Flucht war unnötig geworden, denn inzwischen hatte Napoleon, um die Sachsen für sich zu gewinnen, ihrem Kurfürsten Neutralität gewährt. Da konnte man vergnügten Sinnes nach Hause ziehen, denn hier warteten Weib und Kind und die alte Mutter. Zum ersten Male bereitete die Gute dem Sohne einen herben Schmerz – er traf sie nicht mehr unter den Lebenden an. Von den 89 Jahren ihres Lebens waren die meisten Angst und Sorge um den Einzigen gewesen. Stülpner stand herben Schmerzes voll an dem niedrigen Grab. Er bereute das Opfer, das er der Mutter durch Aufgabe seines freien Lebens gebracht, nicht mehr, war doch dadurch auf das letzte Ende ihres Weges ein Sonnenstrahl gefallen.

Noch war er aber seiner Pflichten gegen das Regiment nicht ledig, er traf wieder in Chemnitz ein. Achtzehn Jahre seines Daseins waren Militärjahre gewesen, und er drang nun darauf, daß ihm sein Ab-

schied gewährt werde. Aber gerade in dieser kriegerischen Zeit wollte man einen solchen Scharfschützen nicht entbehren.
Bitter klangen die Lieder, die die alten Soldaten jener Tage anstimmten:

Schon über dreißig Jahr, und immer noch Soldat,
bricht aus ein Krieg, so muß ich bald marschieren ohne Gnad!

Wer frei und ohne Sorgen ist, dem fällt es nicht zu schwer;
doch dem, der Gatte und Vater ist, dem fällt der Abschied schwer.

Da liegt er draußen im Spital, verstümmelt und im Schmerz.
Da bricht die Freude, bricht die Qual, da bricht ein Vaterherz.

Zu Hause in dem Kämmerlein ein Weib verlassen steht,
sie singt zum Schlaf den Kleinen ein mit Tränen im Gebet.

Die armen Kinder wimmern laut: Ach, Mutter gib
uns Brot! Aus ihren hohlen Augen schaut der Hunger und die
Not.
Und eine heiße Träne rinnt vom Aug zur Wang herab,
und drinnen liegt das jüngste Kind – der Vater liegt im Grab.

Von Entlassungen war einstweilen nicht die Rede, aber zum Trost gewährte man ihm einen sechswöchigen Urlaub, den er benutzen wollte, seine Anstellung als Förster endgültig zu betreiben. Da traf ihn wieder ein harter Schlag, der Major starb, ohne etwas Schriftliches, das die Verwendung Stülpners regeln sollte, zu hinterlassen. Mit der Aussicht auf ein Forsthaus in der Heimat war es für immer vorbei. Daß er trotzdem beim Militär aushalten sollte, dünkte ihm ein nutzloses Opfer. Überall, wohin er blickte, unerfüllte Versprechen, Wohlwollen, aber Achselzucken. Da gabs ein ernstes Gespräch mit der Rösel. Darüber waren sie einer Ansicht, daß das Soldatenspielen ein Ende haben müsse; und Stülpner meinte, gehe es nicht im Guten, dann müsse es eben im Bösen versucht werden. Und könne man nicht in Sachsen leben, dann sei die böhmische Luft auch gut. Noch länger hinhalten und veralbern lasse er sich nicht. Das Rösel war einverstanden, mit nach Böhmen zu gehen, denn sie bangte, er könne sonst in sein gesetzloses Treiben zurückfallen.

Nach Chemnitz zurückgekehrt, machte Stülpner den letzten Versuch. Er habe Familie, habe überlang gedient, und man habe ihm ausdrücklich Entlassung zugesagt. Wieder gab es eine schale Vertröstung. Da er sein Recht nicht bekam, da nahm er es sich selbst. Als er eines Abends Stadturlaub hatte, kam er nicht wieder in die Kaserne. Die ganze Nacht marschierte er, und am Morgen war die schützende böhmische Grenze erreicht. Beim Hühnel in Preßnitz sprach er zuerst vor. Der nahm den alten Weidgenossen mit Freuden auf und brüstete sich mit ihm, als habe er einen Fürsten zu Besuch. Da alte Freundschaften und Beziehungen dies- und jenseits der Grenze genug vorhanden waren, so fand sich auch eine passende Unterkunft in kürzester Zeit.

Wer im lieblichen Preßnitztal aufwärts der böhmischen Grenzscheide zustrebt, kommt nach Schmalzgrube und verläßt hier den sächsischen Boden. Ein großes Hammerwerk ließ vor Jahrzehnten seine Donnerakkorde hier erschallen, dabei streckt sich lang ein anderer Ort aus, St. Christophhammer. Hier kam Karl Stülpner zunächst unter, indem er das Wirtshaus »Zum lustigen Jäger« pachtweise übernahm. Seine Familie, die sich inzwischen um ein Töchterlein vermehrt hatte, zog eilends nach, und wieder hatte der Ruhelose eine Stätte gefunden.

Daß der Gastwirt Stülpner einen ungeheuren Zuspruch aus Sachsen und Böhmen hatte, ist wohl nicht zu bezweifeln. Und lustig gings im Jägergasthaus zu, das muß man sagen. Da war der Klimber-Seph aus dem nahen Preßnitz, der die ganze Welt mit der Gitarre bereist und seine alten Tage in der Heimat verlebte. Der kam bald aus dem »Lustigen Jäger« nicht mehr heim. Da saßen Förster und Freischützen, Grenzer und Pascher vergnügt durcheinander. Und der Stülpner bediente ruhig und überlegen, und was er ausschenkte, war gut. Das Hühnel war Stammgast, und lauter Jubel herrschte, als einst am St. Hubertustag auch der Satziger, zwar etwas ausgetrocknet, aber sonst noch gut beieinander, sich sehen ließ. Da mußte der Klimber-Seph das alte Wildschützenlied anstimmen, und der ganze Chorus grölte es mit:

> Ich trage drei Federn auf meinem grünen Hut,
> und den Jäger will ich sehen, der sie mir runtertut!

Jetzt nehm ich meine Büchse und geh in den Wald.
Da schieß ich mir ein Hirschlein, grad wie mirs gefällt.

Das Hirschlein hab ich geschossen, aufs dürre Laub hingestreckt,
Da sind drei Jäger gekommen, die haben mich erschreckt.

»Ei, Franzl, lieber Franzl, was machst du denn hier?
Deine wunderschöne Büchse, die nehmen wir dir!«

»Meine wunderschöne Büchse, die geb ich euch nicht.
Vor drei oder vier Jägern fürcht ich mich wohl nicht!«

Das hat die drei Jäger gar übel verdrossen,
da haben sie nach dem Franzl geschossen.

»Ihr Jäger, ihr Jäger, laßts Schießen nur sein!
Ihr schießt ja nur Löcher in die Bäume hinein!

Jetzt muß ichs halt machen, wies mein Vater gemacht;
nach drei oder vier Jägern hat er gar nicht gefragt.«

Das war ein Festtag im »Lustigen Jäger«. Das alte Kleeblatt mußte, ob es wollte oder nicht, aus seinem Leben erzählen. Dabei fuhren sich natürlich auch das Hühnel und der Satziger gewaltig in die Haare, während Karl mit stillem Schmunzeln zuschaute. Es war doch eine schöne Zeit gewesen im Freiwald und in den heimlichen Höhlen. Das Hühnel erzählte eine Geschichte nach der andern, daß ihm der Mund wehtat. Dabei ließ er es nicht an allerhand Anspielungen auf den Satziger und seine Heimat fehlen. Da taute auch der Satziger auf: »Wißt ihr, was mir da neulich getraamt hoot? Ich war gestorbn und war ofn Wag in Himmel. Wie ich esu de Milchstroß naufpirsch, do äug' ich en Dingerich, dar do vir mir hartorkelt. Inusse, dacht ich, dos sieht doch bal aus wie's Hühnel – krumme Bä un en Buckel! Ich konnt ne oder net eihuln, dä dos Hühnel is meitog ausgerissen, wenn jemand hinner ne harkam, weils allemol dacht, 's wär der Gendarm. 's war desderwagn aah ehrer an der Himmelstür wie ich. Och sohg noch, wies mit'n Petrus wagen Eintrittspreis handeln tat, dä gehandelt werd bein Hühnel, 's mog sei wus will. De Tür ging auf, un mei

Freund schwenket nei. De Tür war noch net wieder zu, do ging eine Musik lus, hunnert Engeln warn in dar Kapell, dos is gewieß. Die Pauken krachten, de Klarinetten taten quietschen un de Geigen winseln, 's war e Labn wie of dr Annebarger Kät. Mittlerweil war ich nu aah an der Himmelstür agekomme. Ich zug an dr Klingel, do machet mir dr Petrus auf un ließ mich nei, saat oder nischt weter wie ›Willkomme, Satziger!‹ Ich stand nu dorten und lauret, daß de Musik aah lusgiehe sollt. Oder nischt rühret sich. Do saat ich zon Petrus: ›Ich denk, do ubn bei euch giehts geracht zu, un do is ener esu viel wert wie dr annere? Worüm werd dä bein Hühnel Musik gemacht un bei mir net?‹ Do lachet dr Petrus un saat: ›Mei Satziger, horch emol drauf: Dos Hühnel is e Reischdorfer, un von dortenher kimmt alle hunnert Gahr emol ener in Himmel, dar kriegt natürlich en grußen Empfang; bei euch Satzigern is dos net esu gefaahrlich; wie ihr gestellt seid, do komme alle Wochen welche!‹ Dodermiet mußt ich mich zefrieden gabn.«

Die ganze Stube lachte. Aber das Hühnel hatte auch gleich eine Antwort: »Ja, Satziger, dos muß schu esu sei. In den Engelchor, do mußten en Haufen Satziger sei, dä die schnurreten mit de R wie de Waldteufeln.« Nun war der Satziger wieder dran, und so gings lustig hin und her. –

Fünf Jahre lang hauste Stülpner in St. Christophhammer und stand sich gut dabei. Nur die Rösel war zuzeiten voller Unruhe, wenn die Vergangenheit gar zu sehr ausgegraben wurde. Sie bangte, daß die Freijagd ihn wieder mit ihrer Macht umstricken würde.

Draußen schritten die Weltgeschehnisse in ehernen Schuhen einher. Das alte Österreich wurde besiegt, aber schon glänzte der Tag von Aspern als ein Frührot künftiger Zeiten. Man sang und weinte über den tapferen Sandwirt von Passeyer[1], der seinem Lande die Freiheit ertrotzen wollte. Man kam schier um vor Bewunderung, als das ganze napoleonische Europa nach Osten zog, auch Rußland zu unterwerfen, und es erschauerte unter den Berichten, die die wenigen Zurückgekehrten von dem ungeheueren und kalten Lande gaben. Der Völkerfrühling des dreizehnten Jahres brach an, und über das Gebirge hinweg fluteten Feind und Freund in buntem Wechsel. Als

1 Andreas Hofer

die Kanonen von Leipzig den Korsen heimgesungen hatten, atmete die Welt eine Minute lang auf. Es war nach langem Kampfe wieder einmal ein Frieden geschlossen worden.

Für Stülpner bedeutete dies mehr. Sachsen erließ einen Generalpardon für alle militärischen Vergehen, und so ward auch der Steckbrief gegen Stülpner wegen Fahnenflucht aufgehoben; der Weg in die Heimat war wieder frei. Da ließ es der Rösel keine Ruhe mehr. Sie sehnte sich nach Scharfenstein zurück. Karl tat ihr die Liebe. Er gab die Pacht des »Lustigen Jägers« auf. Das Geschäft hatte sich aber gelohnt. Einige Schock Gulden ermöglichten die Übersiedlung nach Scharfenstein, wo ein Holzhandel eingerichtet ward, der einen bescheidenen Verdienst abwarf. Karl gehörte nun zu den Honoratioren des Dorfes. Sein Wort galt gewichtig am runden Tisch des Gasthofes. Aber auch sonst brauchte man seinen Rat und seine Tat.

Nach der Leipziger Schlacht streifte wieder allerlei Gesindel im Gebirge umher. Entflohene Gefangene, beutesuchende Hyänen des Krieges, Nachzügler und Drückeberger von Freund und Feind, die auf Kosten der Landbevölkerung leben wollten und auch nicht zu mager. Totschläge und Plünderungen waren an der Tagesordnung. Die Polizei war machtlos, und Soldaten wurden anderweit gebraucht. Da erinnerte man sich, wie schon einmal ein einzelner das Gebirge von all solchem Vagabundentum gesäubert hatte. Und es ward Brauch, bei solcher Not nach Scharfenstein zu Stülpner zu schicken. Der putzte und ölte seinen alten Stutz wieder und war zur Stelle, wo die Not ihn rief.

Auch Scharfenstein bekam so üble Einquartierung, und selbst Stülpners Haushalt ward von Kosaken geplündert, als er in Geschäften auswärts war. Er kam aber kurze Zeit nach dem Überfall heim. Da gabs kein Besinnen, wutentbrannt setzte er den Spitzbuben nach. Er erreichte sie, als sie am Zschopauufer ihre Beute teilten. Da gabs erst Ungesalzenes und dann ein kaltes Bad in der Zschopau, worauf die Steppensöhne dem ungastlichen Lande den Rücken kehrten. Als einst auch Grießbach solche Einquartierung bekam, hieß es: »Da kann nur einer helfen!« Und der kam und befreite durch sein kühnes Auftreten den ganzen Ort. Unter dem Gesindel ward ruchbar, daß es besser sei, diesen Teil des Gebirges zu meiden.

Nur ein Jahr litt es Stülpner in Scharfenstein. Da war Gelegenheit, in Großolbersdorf ein Haus zu kaufen und den Holzhandel zu vergrößern. Das geschah, und Stülpner hatte fünf Jahre Ruhe. Aber er war mit seinem Geschäft nicht zufrieden. Er meinte, bei der großen Arbeit müsse mehr Verdienst herausspringen. Die Familie hatte sich auf vier Kinder vermehrt. Auch war das Hühnel einmal dagewesen, das sich mit seinem Paschhandel recht gut stand. Als darum die älteste Tochter einen Freier ins Haus brachte, übergab Stülpner kurzerhand dem Schwiegersohn Schönherr Geschäft und Haus und zog nach Preßnitz zum Hühnel, an dessen Unternehmungen teilzunehmen. Die Geschäfte gingen gut, aber häusliches Unglück kam Schlag auf Schlag. Drei Kinder sah er an tückischer Krankheit dahinsterben, und auch sein treues Rösel schied in Preßnitz auf ewig von ihm. Er heiratete zwar wieder, und auch ein Sohn wurde ihm wieder beschert, aber die alte Kraft und Frische begann zu schwinden.

Furchtbar war es für ihn, dessen scharfes Auge einst sogar die Nacht durchdrungen hatte, am Star zu erblinden. Sein Mißgeschick rührte alle, die davon hörten, und ein begüterter Freund ließ ihn endlich nach Mittweida reisen, wo er durch glückliche Operation die Sehkraft wenigstens eines Auges wiedererlangte. Sein Geschäft in Preßnitz aber gab er auf und zog wieder nach Sachsen. Die Scharfensteiner Schloßherrschaft bewahrte auch dem Greise eine freundliche Gesinnung und unterstützte ihn, so daß er keine Not zu leiden brauchte. Meist wohnte er bei seiner Tochter in Großolbersdorf, von hier aus unternahm er seine Wanderungen, bei denen er in Schenken und Pfarrhäusern gern einkehrte, wo er gern und gut bewirtet ward. Die zahlreichen Freunde drängten ihn, seine Lebensgeschichte aufzuschreiben; er meinte aber, er könne mit der Feder nicht so gut fort als mit dem Mundwerk. Er gewann aber schließlich einen früheren Lehrer, einen gewissen Schönberg, dem er die Wandlungen und Wendungen seines Lebens in die Feder gab.

Stülpners Lebenslauf erschien im Druck, und Karl selbst hatte an den bescheidenen Heften einen kleinen Verdienst. 73 Jahre war er alt, als Schönberg von ihm schrieb: »Stülpner ist zwar noch rüstig und gesund und bietet allen Elementen Trotz, doch seine Hand, vermittels welcher er sonst seine tödliche Kugel so sicher zu dem verfolgten

Ziele sendete, zittert, und seine Sehkraft ist so geschwächt, daß er stets einen Blendschirm tragen muß, und ist deshalb nicht vermögend, durch irgendeine Handarbeit seine kümmerliche Existenz zu fristen. Er besitzt noch alle Zähne, die wohl erhalten sind, und seine Sprache ist, vorzüglich, wenn er bei dem Erzählen seiner Taten in jugendliche Hitze gerät, noch so kräftig und donnernd, daß oft die Fensterscheiben davon erzittern möchten. Ebenso ist seine Haltung noch gravitätisch genug, um mit einer spanischen Grandezza darin wetteifern zu können. Seine Länge beträgt 76 sächsische Zoll, und seine braune männliche Physiognomie verrät sogleich das ihm angeborene, treuherzige Wesen, aber auch, wenn er gereizt wird, seine leicht aufbrausende Hitze. Die Aussprache Stülpners gleicht dem höheren erzgebirgischen Provinzdialekt.«

Er war 78 Jahre alt, als er im Großolbersdorfer Gasthaus mit einem Forstgehilfen wetten wollte, er brächte es fertig, ihm aus der erhobenen Hand auf zehn Schritt einen preußischen Taler herauszuschießen. Doch solcher Lebenswille hielt nicht mehr lange an. Das Alter machte seine Rechte geltend. Am 24. September 1841 legte er sich in seinem Heimatorte zum Sterben nieder. Am 27. wurde sein Leib auf dem Großolbersdorfer Friedhof der geliebten Heimaterde übergeben. Ein Zypressenbaum beschattet die Stätte, wo ein nimmermüdes, heißes Herz endlich Ruhe fand. Kein ehernes Denkmal ward ihm errichtet, aber er lebt noch heut im Herzen seines erzgebirgischen Volkes.

Und wenn im Gebirgswald die Fichten rauschen, die Vögel singen und der Sturm mit den Bäumen Zwiesprache hält, da raunen sie einander altvertraute Mären zu von dem, der die Heimat und ihren Wald aufs höchste geliebt; Sagen, die nie verklingen, solange noch ein Herz erzgebirgisch schlägt und ein Mund die traute Sprache spricht: Geschichten von
     unserem Stülpner-Karl.

Drei Mundartgeschichten übern Stülpner-Karle
von Max Wenzel

SIEBN GAGER

Es war emol in Winter drubn in der Marienbarger Gengd bei der Rätzer-Bratmühl, wie der Stülpner-Karl en grußen Hersch geschossen hatt. Er hulet sich zwä vu sen Kameraden, daß'n se halfen sollten, dos Tier auszeweiden un wagzeschaffen. Es wur richtig zerwerkt un die Stücken in e paar Säck neigestoppt. Weil de bähmische Grenz net weit war, wollten se dan Haufen nüberschaffen. Dort hatten se en Vertrauensmaa, der's Verkaafen besorget. Se hatten nu jeder gerod sen Sack aufgehuckelt, un de Räs sollt lusgiehe. Se warn kaum en Büchsenschuß weit gange, do kame ofamol siebn Gager. Die hatten für'n Rittergutshuf en Wildbroten ze schießen un hatten alle de Knalleisen miet. Die hatten kaum men Stülpner gesah, als se aah schie an die gruße Beluhning dachten, die of sen Kupp gesetzt war, un se wollten ewing Jagd of'n machen. Se dachten aah, siebn gegen dreie – dos Exempel werd schie aufgiehe. Oder se hatten sich doch e fünkel verrachnet. Dä kaum hatt se mei Stülpner weiskriegt, do flug aah schie der Sook von sen Schultern ronner, un sei Stutz war agelegt. Aah die annern bäden Wilpertsdieb hatten ihr Zeig waggeta un de Gewehr in Händen. Der Karl machet uhne Furcht of die Gager nei. Esu warn se in ihrn Labn net agedonnert wurn, wies itze der Karl mit se machet: »Halt! Wos wollt ihr dohierde?«

Wenns halmwags gange wär, hätten se sich alle sieben nei in e Mauseloch verkrochen. Oder der Grenzschütz Liebeskind fand zewingst sei Sprooch wieder un saat, als müßten se sich aah noch entschulding: »Mir dachten, 's wärn Holzdieb in Revier.« Und der Revierbursch Müller setzet geleich derzu: »Mir haben gedacht, es wärn Pascher da!« Do lachet mei Stülpner-Karl racht huhnackig[1]

1 höhnisch

un schrier se a: »Ach su, ihr seid Tobaksbittel? Na, do beruhigt eich när! Bei mir findt ihr ken Tobak, ken Zucker un ken Kaffee! Ich bin kaa Holzdieb! In unnern Säcken, do is Wilpert, dos ka euch oder als Tobaksbittel doch gar net interessieren! Oder wißt'r: do könnt'r aah eure Schießeisen emol harleng, dä die braucht'r doch net! Ich war die schleppen, un ihr trogt mer derfür meine Säck bis nooch Reitzenhain!« Wos wollten die Gager machen? Se sohng die Gewehr of siech gericht, die bei jeden falschen Griff lusgiehe konnten, un vir'n Karl hatten se suwiesu Angst. Se legeten die Flinten wag un ließen sich de Säck aufhänge. Die Wilpertsdieb nahme die Gewehr un hinge se üm, oder ihre engne Flinten behielten se geloden in der Hand. Der Karl kommandiert: »Vorwärts, marsch!«, un de Räs konnt födergiehe. Wie se glücklich über der Grenz warn, dorften se ihre Lasten oleng. Der Karl gab ne ihre Gewehr wieder, ließ se emol aus seiner Korbflasch an tüchting Schluck tue, saat'n racht harzlichen Dank un »Guten Wag« un machet sich mit seine Spießgeselln nei in Wald. Die Gager oder zugn racht betöppert eham, un ihre Herrschaft mußt sich heut uhne Wilpertsbroten behalfen.

DER HAMPEL-SCHNEIDER

Der Stülpner-Karl hatts wieder emol e fünkel arg getribn, un de Gericht un Forstleut warn aah net garschtig fuchtig of'n. Sei Aussahe von Kopp bis zon Fuß wur allen in Bättern beschriebn, un es wur aufgefordert, dan Wilddieb eizefange oder tutzeschießen. War ne labandig brächt, sollt 80 preußsche Toler krieg, un war ne tutschoß, konnt of 50 Toler rachne. Es sohg oder doch esu aus, als wenn sich niemand dos Gald verdiene wollt. Mannicher dacht zwar, es wär e ganz schies Stück Gald, wos mer krieget; oder die Arbet, dies derfür zu machen gob, die reizet niemanden. Dä dos konnten sich alle denken: Eehr sich der Karl gefange gob, do tat'r sich seiner Haut wehrn, un do konnt sei Flint aah aus Versahe drbei lusgiehe. Un traffen tat der Karl of hunnert Schritt nooch jeden Sperlich. Ne Karl vu hinten ze derschießen, dos ging schie besser a, oder do mußt mer när Gelenghät hobn. Kurz un gut, mer saat sich: Weit dervu is gut für'n Schuß!

Nu gobs in Wolkenstä e Freischützengesellschaft. Dos warn alles ehrsame Leut, die sich ze ihrn Vergnüng ewing in Schießen übn taten. Vu grußen Blutvergießen warn die oder aah kaa Freund. Bluß en hatten se drbei, ne Hampel-Schneider, dar war vu annern Stoff gemacht. De Natur hoot doch e mannichsmol rachte Witz gemacht. Der Hampel-Schneider war e setter. E klaaner derrer Karl, dorch dan mer hätt dorchblosen könne, oder üm esu größer war sei Maul, nä, mer muß drhierde werklich sogn: sei Gusch – do gibts kaan annern Ausdruck derfier. Wos dos Mannel bluß in Krieg fir Heldentaten begange hobn wollt, is net ze beschreibn. Wie dar Dingerich nu höret, daß der Stülpner-Karl in der Näh sei un sei Wasen esu von Hennersdorf bis Hoppgarten trieb, do ließ'n kaa Ruh mehr. Er hielt bei de Freischützen e gruße Red, daß se itze emol beweisen könnten, wie se schössen! Der Maa hätt de Flint net när zon Vergnügen, sonnern aah fir'n Ernstfall! Un dar wär itze do. Dann flocht'r aah noch miet ei, wos do fir Gald ze verdiene gäb, un er bracht seine Leit werklich esuweit, daß e Kriegszug gegen Stülpner-Karl unternomme wur.

Nu hatts e paar Tog wie mit Kanne geregnet un de Zschop war racht ageschwolln un riß aah schie Sträucher un Balken miet sich fort. Alsu, mei Schneider machet vornewag, un de Schützen alle hinnerhar. Weil'r'sch immer noch welche dronner gab, dan bei der Sach net racht wuhl war, hiel mei Schneider aah unnerwegs ene Red nooch der annern, daß se alle mitenanner Mut krieg sollten. Esu kame se nu unner setten Gebläk an Wald naa. Mei Stülpner-Karl hatt se schie lang gehört; un wenn'r noch net gewußt hätt, wan der Zug galten sollt – aus den Schneider sen Reden krieget'r'sch wag. Mei Stülpner war oder e Karl, dar sich in allen Logen geleich ze halfen wußt, er ging abn an alln Stelln. Er nahm sei Flint huch, trat aus'n Wald raus un schrier de Freischützen a: »Macht, daß'r eham kommt, oder mei Flint gieht lus!«

Als ob ein Dunnerwatter unter die ganze Gesellschaft neigeschlong hätt, esu gings'n Barg nonner. Welche schmissen de Flinten wag, daß när fixer ging, un se hieln net ehrer Ruh, bis se an dr Zschop agekomme warn. Un mei tapfersch Schneiderle aah bein Ausreißen vornewag.

Wie se sich oder emol ümdreheten un ne Stülpner immer noch mit der Büchs in der Hand komme sohng, do war aah de Zschop net ze brät, se huppeten nei un taten dorchwoten, esu fix wies när ging. När ener war wasserscheu, dar trauet sich net nei in Fluß, un dos war mei Hampel-Schneider. Er tripplet an Wasser hie und har, der Angstschwäß liefen überoll raus, un of de Husen hätt ich 'n net unnersuchen möng! Sei Hilferufen hatt kaan Zwack, die annern perzeten eham, esu schnell se när konnten. Un nu kam der Wilpertsdieb immer meh un meh of men Schneider zu. Dar zittret wie de alte Armehaus-Fichtnern un dacht net annersch, als daß sei letzts Stündel komme wär. Itze packet mei Stülpner dan Dingrich a, nahm ne of'n Arm wie e Gungel un trug'n über'n Wosser nüber. Ehr er ne ronnerließ, tunket'r'n erscht noch emol richtig nei, stellet ne of'n Ardsbuden un saat zu ne: »Künftighie blebst de bei deiner Nahnodel un mischst dich net wieder in Dinger nei, die dich nischt agiehe!«

Wie er Ferl machet mei Schneider, daß er wagkam. Er hoot sichs aah ze Harzen genomme un hoot sich nimmer bei de Freischützen sahe lossen. Un dos war aah racht gut für ne, dä die hätten sich sicher bei ne ogefunden, daß se esu vir der ganzen Gengd blamiert wurn warn.

WIE DER STÜLPNER-KARL GESTORBN IS

In der Hinnerstub vu dan klen Häusel, wu der alte Stülpner-Karl wuhne tat, warn de Fanster zugehängt, wies is, wenn e Krankes drinne liegt. De alte Lina, die früher of'n Schloß gedient hatt bis se en Maurer geheiratet hatt, trat haußen vir der Tür un horchet. Wie se market, daß jemand drinne hantieren tat, kloppet se leise a un machet aah geleich de Tür e fünkel auf, daß se neisahe konnt. Drinne war de Waber-Rösel gerod derbei, e paar Scheiteln Holz in Ufen ze stecken. Se drehet sich oder geleich üm, wie se de Tür giehe höret.

Wie se de Lina sohg, winket se geleich, se sollt leise machen un wies mit de Aang nooch der Eck hie, wu's Bett stand. De Lina gucket aah hie un saat ganz leise: »Er schläft wuhl?«

»Haa«, nicket de Rösel, un dann schlichen die bäden Weibsen mitenanner zur Stubntür naus. Erscht draußen kam de Lina ze Wort. »Ich war of'n Schloß«; saat se, »un hoos gesaat, daß mit'n Karl net an besten gieht. De gnädige Frau hoots der Mamsell geleich gesaat, se soll mer e Körbel Assen zeracht machen. E Täubel hobn se neigetaa un weißes Brut un aah e Flasch Wei. Machst's emol e fünkel zeracht, wenn er emol Appetit hoot!«

»Ach, Gott derbarm«, saat de Rösel, »ich denk mer när, er werd net mehr derhaufen braung.« »Seit wenn stiehts dä esu schlacht mit'n?« tat sich de Lina derkunding. »Nu«, saat de Rösel, »gen Toog kam er schie ze Mittig ehäm. Er hoot de Tasch mit seine Büchle hiegestellt un sich geleich nei in Bett gelegt. Mir höreten esu stöhne, do saat mei Maa: ›Mer wolln när emol nooch'n sahe.‹ Er schläft nu in enefort. Bluß wie ich'n heut früh e Schalle Kaffee bracht, do hoot er e fünkel genickt un mich gruß agesahe. Nu, Gott vergab mer mei Sünd, mir warsch akkerat, als wenn sei krankes Aag mich genau esu astrahlet wie sei gesunds.« »Dos is kä guts Zächn!« saat de Lina. »Un«, machet de Rösel fort, »wie ich heut früh reikam, huschet gerod e Maus mitten dorch der Stub!« »Dos is e ganz sichersch Azächn! Se hoot ne Tud gesah!« saat de Lina. Doderbei warn se bis in der Vöderstub gange, hatten dos Körbel ausgeleert un de Lina machet sich wieder fort.

Hinten in Hinnerstöbel log der Stülpner-Karl in sen Bett un machet sich zeracht, sen letzten Pirschgang azetraten. Of'n Tisch log der grüne Aagnscherm, uhne dan er de letzten Gahr waang seine kranken Aang nimmer hatt sei könne, un seine Rehpfötelmütz, uhne die sich engtlich niemand ne Stülpner-Karl esu racht denken konnt. Sei weißes Haar hing ne e wing über de Stirn wag. Mannichsmol murmlet er leise wos vir sich hie, dann spielet wieder emol e bissel e Lachen üm seine Mundwinkeln. Wie wenn er in en grußn Bilderbuch blättern tät, esu zug sei ganzes Labn an ne verbei. Es mochten net immer freundliche Bilder sei, die er aufschlogen tat, dä mannichsmol klangs, als wenn er mit de Zäh knirschen tat. Er sohch sich als Gung in arme Stübel bei seiner Mutter. Dann kam ne's Ehrenfriederschdörfer Forschthaus in Si, wu er sen erschten Bock geschossen hatt. Wie war dos gewasen? Hatt dar net e goldnes Kreuz zwischen de Stange gehatt? Ach Gott, wie viel hatt er dann noch in sen Labn zor Streck gebracht.

Net ze zehln warn se. Schlachte Bilder kame dann, un immer un immer knirschet er zwischen de Zäh dan Name vu sen gräßten Tudfeind, ne Gerichtsdirektor Günther in Thum. Oder dann warsch, als wenn de alte gute Mutter leise über sei Gesicht wagstreichen tat. E freundlicher Schei blieb lange drauf stiehe. Dann kame wieder schlimme Bilder. Er sohg sich als Maxemilianer in Chamntz, der labet gute Offezier un garschtige Forschtleit. Er fühlet de Ketten an seine Händ un es war ne, als wenn der Wogn ruckeln tät, of dan se ne festgebunden hatten. Dann war er of emol frei. Oder de Freiheit gewonne – un de Hamet verlurn. Er sohg sich in Böhme, in Ungerland, in Tirol, in Bayern, wieder bei de Soldaten, wieder desertiern, wieder bei der Mutter – werklich bunt genung sohg dos Bilderbuch aus. Oder zwischen jeden Bild do warsch'n, als höret ersch rauschen und murmeln, sei Wald bracht'n Grüß in der letzten Stund. Un immer un immer gings'n Karl wie e Lachen übern Mund wag: »Mei Wald! Mei Wald!«

Do kam de Rösel mit dan Gelos Wei an sei Bett naa. »Komm, trink emol!« saat se. Der Karl hub ne Kopp e bissel: »Hühnel, bist dus?« Er sohg sen alten Wildschützenkumpan vir sich. »Gab har!« saat er un er versuchet, dos Gelos azesacken. Oder de Rösel hiels fest, daß ersch net wagschmeißen konnt. Se flößet ne e paar Schluck vu dan ruten Wei ei. Es war werklich esu, als wenn de Labnsgeister noch emol aufgeweckt wärn.

E glückliches Lachn of sen Gesicht, dann murmlet er in enefort ä un diesalbn Wort vir sich hie: »Mutter! Wald! Hamet! Mutter! Wald! Hamet!« Immer leiser un leiser wursch, als wenn er eischlofen wollt. Dann finge seine Händ a of der Zudeck rümzesuchen. »Daß Gott!« saat de Waber-Rösel, »er tut Himmelsblume pflücken!« Oder of emol fuhl'r ewos ei. Of der Lod stand e Strauch mit Fichtenzweigle. Do nahm se e Astel raus un gobs ne Karl in de Händ. »Mei Wald!« saat er leise un ganz gelücklich sohg er aus, wie er eischlief – für immer. De Rösel hulet ihrn Maa rüber un dar drücket ne de Aang zu. Dann saat er: »Nu möcht ich an sen Suh schreibn, dar stieht in Theresienstadt bei de Soldaten.«

BIOGRAPHISCHE DATEN

1741–1743 (genaues Datum unbekannt): Heirat des Johann Christoph Stülpner (geb. 6.4.1720 in Krumhermersdorf), Mühlknappe, Schuhmacher und Häusler in Scharfenstein mit Marie Sophia Schubarth (geb. 27.9.1718 in Scharfenstein), Tochter des Melchior Schubarth, Häusler und Schütze in Scharfenstein.

1745, 7.2. Kauf eines Hauses in Scharfenstein, »Im Gänsewinkel«.

1747 Als neuer Gerichtsdirektor tritt Alexander Abraham v. Einsiedel auf Scharfenstein, Weißbach und Dittersdorf sein Amt an.

1756 Beginn des Siebenjährigen Krieges Preußen gegen Österreich, Einmarsch der Preußen in Kursachsen.

1761, 2.12. Erste Erwähnung des Thumer Gerichtsdirektors Johann Andreas Günther in Scharfensteiner Protokollen.

1762, 30.9. Um vier Uhr nachmittags wird Karl Heinrich Stülpner als achtes Kind seiner Eltern geboren. Von seinen Geschwistern sind noch am Leben: Johanne Friederike (19 Jahre), Dorothea Elisabeth (16 Jahre), Johanne Christiane (13 Jahre), Marie Sophie (8 Jahre), Carl Christoph (11 Jahre), Carl Friedrich (6 Jahre).

1763 Ende des Siebenjährigen Krieges.

1767 25.4. Mandat über das Verbot aller gewaltsamen Werbung zum Kriegsdienst.

1769 Johann Christoph Stülpner »und Consorten« werden wegen Leinöldiebstahls in der Schloßmühle belangt.

1771–1772 Große Hungersnot im Erzgebirge, der vermutlich Karl Stülpners Vater zum Opfer fällt, desgleichen der Bruder Carl Christoph (?).

1772 Akte »über die auf dem hiesigen Schlosse von Marien Sophien Stilpnerin, ihrem Söhnchen und dem Schwiegersohn Mehnern begangene Fleisch- und Getreidedeube« (Diebstahl).

1772 Aufenthalt Karl Stülpners bei dem Förster C.C. Müller in Ehrenfriedersdorf.

1774, 22.8. Versteigerung des Stülpnerhauses; neuer Besitzer Carl Heinrich Herbach.

1774 Rückkehr Karl Stülpners aus Ehrenfriedersdorf nach Scharfenstein.

1777, 12.4. Johanne Christine Wolfin geb., Tochter des Scharfensteiner Ortsrichters Wolf (Max Wenzels »Rösel«).

1778, 3.7. Beginn des Bayrischen Erbfolgekrieges (»Kartoffelkrieg«). Karl Stülpner nimmt als Troßknecht teil.

1779, 13.5. Ende des Krieges.

Karl Stülpner im Alter von 73 Jahren

1779 Erlaß: Den Kompanieinhabern ist die eigene Werbung wieder erlaubt.

1779, 18.11. Karl Stülpner freiwillig (?) zum Regiment »Prinz Maximilian«, den »Maxern«, angeworben.

1780 Januar: Stülpner beim Regiment in Chemnitz »in Zuwachs« genommen.

1780 Pächter des Rittergutes Scharfenstein ist Samuel Gottlieb Philipp.

1780, 1.2. Stülpners Bruder Carl Friedrich heiratet in Drebach.

1780, 31.7. die Schwester Marie Sophie heiratet in Dresden den Musketier Rebentrost, der mit Stülpner diente.

1781, 11.1. der Maurer Johann Christoph Gottschalk kauft das alte Stülpnerhaus und baut 1782 ein neues Haus daneben, danach Abbruch des alten Gebäudes; Mutter Stülpner bleibt Mieterin.

1784, 27.11. Stülpners Versetzung zu den Grenadieren nach Zschopau. Beim Wildern überrascht – Tätlichkeiten an dem Jägerburschen Ziegler – »in Arrest beim Stab« in Chemnitz.

1785, 28.5. bis 30.6. Manöver bei Mühlberg an der Elbe.

1785, 3..7. Auf dem Rückmarsch desertiert Stülpner in Simselwitz bei Döbeln.

Große Wanderzeit: Böhmen – Ungarn – Wien – Österreich – Schweiz – Baden – Hessen – Hannover; tritt dort in ein Dragonerregiment ein, desertiert.

Rückkehr nach Scharfenstein und neue Flucht: Böhmen – Bayern; in Bayreuth von preußischen Werbern gepreßt – Soldat des Regiments »Prinz Heinrich« in Spandau.

1789 Harter Winter und Notzeit im Erzgebirge.

Beginn der Französischen Revolution.

1790 Dürre und Notzeit im Erzgebirge.

Juli/August Bauernunruhen im Elbgebirge und Erzgebirge.

1790, 20.8. Schreiben des Gerichtsdirektors Günther an den Kurfürsten wegen der Unruhen.

1791, 12.8. Rückkehr des Gerichtsherrn Alexander Abraham v. Einsiedel aus dem Ausland. Treuhandschlag der Untertanen.

1793 Stülpner und sein Schwager Rebentrost im Interventionskrieg gegen Frankreich.

1793, November, Stülpner bei Kaiserslautern verwundet.

1794, Ostern, Rückkehr nach Scharfenstein (Rebentrost noch am Rhein).

1794 bis 1800 Das große Treiben des Wildschützen.

1795 Carl Wilhelm Friedrich Günther, Sohn des Gerichtsdirektors

Johann Andreas G., wird als Adjunkt seines Vaters bestätigt, der krank ist.
1795, 8.10. Hohe Verordnung zur Verhaftung Stülpners.
1795, 12./13.10. Stülpner »belagert« Burg Scharfenstein.
1795, 16.10. Bericht des Oberförsters Pügner aus Geyer über diese Belagerung.
1795, 4.11. Höchste Order zur Verhaftung des »Raubschützen«.
1795, 16.11. Steckbrief des Justizamtes Wolkenstein.
1795, 17.12. Veröffentlichung des Steckbriefes in den »Leipziger Zeitungen«.
1796, 26.2. wird im Totenregister zu Großolbersdorf ein totgeborener Sohn der Hanne Christiane Wolfin verzeichnet; Stülpner hat sich der Hebamme gegenüber zur Vaterschaft bekannt, »darf sich nicht sehen lassen«.
1796, 2.3. Gerichtsdirektor Johann Andreas Günther gest., 70 Jahre; am 8.4. Verpflichtung seines Sohnes Carl Wilhelm Friedrich als Gerichtsdirektor.
1796, Mai Reise des Herrn v. Einsiedel nach Ungarn – Rückkehr im November – Reisen nach Chemnitz und Dresden – krank – v. Einsiedel 19.2.1797 bis 18.2.1798 bettlägerig, »ganz entnervt und unbehilflich«.
1798, 18.2. Alexander Abraham v. Einsiedel gest. – 62 Jahre.
1798 Neuer Pächter des Rittergutes Scharfenstein ist Emanuel Schubert; Samuel Gottlieb Philipp ist Erb- und Gerichtsherr auf Schlößchen-Porschendorf und des Lehnhauses in Zschopau.
1799, 11.7. Hanne Eleonora, Tochter der Hanne Christiane Wolfin, »unehrlich« geb.
1800, 11.9. Stülpners Rückkehr zum Regiment nach Chemnitz.
1805, 1.2. Gerichtsdirektor Günther jun. gest.
1806, 4.1. Christiane Eleonora, Tochter der Hanne Christiane Wolfin, »unehrlich« geb.
1806, 12.1. Christiane Eleonora gest.
1806, 14.10. Stülpner in der Schlacht bei Jena – aus der Gefangenschaft entflohen.
1807, Mai, Stülpner auf Urlaub – desertiert nach Böhmen.
1807, 3.9. Maria Sophia Stülpnerin nachts 12 Uhr gest., 89 Jahre, hinterläßt 5 Kinder.
Johanne Christiane Wolfin folgt Stülpner nach Böhmen (Preßnitz). Eheschließung?
1812 F.v.S. (Friedrich v. Sydow) veröffentlicht in den »Freyberger

gemeinnützigen Nachrichten« Artikel über »Carl Stülpner, ein berüchtigter Wildschütz im sächsischen Erzgebirge«.
1813 Rückkehr Stülpners aus Böhmen (?).
1816 Christian Gottlob (C.G.) Wild veröffentlicht in der »Neuen Jugend-Zeitung« Leipzig eine biographische Folge »Karl Stülpner, ein merkwürdiger Wildschütz«.
1816, 22.7. Die Stülpnerin kauft an der Hohen Straße in Großolbersdorf das Haus des Chaussewärters Plönert.
1816, 24.11. Tochter Christiane Concordia geb., »ehrlich«, 7.12. gest.
1820, 18.3. Hausverkauf der Stülpnerin an den Schwiegersohn August Schönherr aus Lauterbach.
Rückkehr Stülpners nach Böhmen.
1820, 31.5. Johanne Christiane, Stülpners erste Ehefrau, in Preßnitz gest.
1821, 24.4. Carl Friedrich geb., Sohn der Mutter Maria Anna Veronika Wenzora, »unehrlich«, in Preßnitz.
1823, 11.8. Karl Stülpner heiratet Maria Anna Veronika Wenzora (geb. 17.6.1793) in Preßnitz; der uneheliche Sohn wird legitimiert.
1828, 20.8. Sohn Johann in Preßnitz geb., Stülpner abwesend, nach Sachsen zurückgekehrt.
1828 Stülpner erkrankt am grauen Star.
1830 Französische Julirevolution – Unruhen in Chemnitz – Dresden – Leipzig – im Erzgebirge und Vogtland.
1831 Augenoperation Stülpners durch den Stadtrichter Seyfarth in Mittweida, Christian Friedrich Preißler aus Marienberg zahlte die Kosten in Höhe von 25 Talern.
1832 Als erstes Stülpner-Buch erscheint Friedrich von Sydows' »Der berüchtigte Wildschütz des sächsischen Erzgebirges Carl Stülpner. Ein biographisches Gemählde, der Wahrheit treu angelegt und mit romantischen Farben ausgemahlt« in Sondershausen.
1835 April, erscheint die Stülpner-Biographie von Carl Heinrich Wilhelm Schönberg »Carl Stülpners merkwürdiges Leben und Abenteuer...« in Zschopau.
1835, 7.6. Amalie Aemilie geb., Tochter der Auguste Wilhelmine Günther (geb. 1811) »unehrlich« in Zschopau; Tochter Stülpners, stirbt schon 1836.
1835, August, Stülpner hausiert mit seiner Schönherr-Biographie in den Straßen Leipzigs, wird nach Scharfenstein abgeschoben.
1835, 20.8. Verbot und Beschlagnahme der Schöberg-Biographie durch Hohe Ministerialverordnung.
1837, 8.5. Bergrat August v. Einsiedel gest. – 83 Jahre.

1839, 1.5. Wahl des ersten Gemeinderates von Scharfenstein.
1839, 5.10. Stülpner bei Lauta zusammengebrochen und nach Scharfenstein gebracht.
1839, 7.10. Erste Sitzung des Scharfensteiner Gemeinderates; einziger Tagesordnungspunkt: Die Versorgung des alten Stülpner.
1839, 20.11. Zweite Sitzung: Stülpner wird reihum geschickt.
1841, 24.9. Tod des Wildschützen im Alter von 79 Jahren.
Begraben am 27.9. in Großolbersdorf.

Nach:
Johannes Pietzonka: Der Wildschütz Karl Stülpner. Legende und Wirklichkeit. Sachsenbuch Leipzig 1992; gekürzt

Karl Stülpners letzte Ruhestätte in Großolbersdorf im Erzgebirge

NACHBEMERKUNG

Im »Reisesegen« zu seiner Erzählung über Karl Stülpner schreibt Max Wenzel: »...so hat unser lieber Kurt Arnold Findeisen Stülpners Wesen vertieft und aus dem schlichten Helden den Träger einer Idee gemacht und damit den einzigen Erzgebirgsroman geschaffen.« Gemeint ist »Sohn der Wälder«, 1919 als »Karl Stülpner, der Raubschütz«, 1920/21 als »Der Raubschütz – Roman« in Zeitschriften, 1922 als »Der Sohn der Wälder – Ein Schicksal« erstmalig in Buchform erschienen und bis in die nahe Gegenwart mehrfach aufgelegt. Wir wollen an der Ehrlichkeit des Lobes nicht zweifeln, aber es macht doch stutzig, daß Max Wenzels Erzählung bereits 1923 herauskam, also fast unmittelbar nach Findeisens Roman. Für gewöhnlich wendet sich ein Schriftsteller nur dann dem gleichen Thema zu, mit dem ein anderer gerade zuvor erfolgreich an die Öffentlichkeit getreten war, wenn er eine gänzlich andere, zumindest aber widersprüchliche Auffassung vertreten will. Findeisen macht also den schlichten Helden zum Träger einer Idee. Ideenträger haben aber gemeinhin die Eigenschaft, sich von der schlichten Wirklichkeit abzuheben.

In der Tat. Bis etwa über die Hälfte des Romans folgt Findeisen der Biographie Stülpners, wie sie auch von Vorgängern wie Friedrich von Sydow, C.G. Wild, Ed. Milan und anderen zusammengetragen und ausgeschmückt wurde. Dann aber beginnt sich die Gestalt Stülpners davon abzuheben. Seine erste Liebe, Marie, stirbt jung, ihr liebliches Bild wird überschattet von der Liebe zu einer Art Zirkusprinzessin, bis unser Held über die Erinnerung an die lichte Marie in eine mystische Beziehung zur Marie als Gottesmutter tritt. Auch seine Beziehung zum Wald wird immer geheimnisvoller. Schließlich verläßt Findeisen den Weg der Biographie völlig. Stülpners Ende: Er sieht einen weißen Hirsch, der ihm schon früher visionär erschienen war, schießt auf ihn, aber als er ihm den Fangstoß geben will, richtet sich der Hirsch auf, »schüttelt sich, schreit und hetzt mit dem Reiter von dannen. –

Niemand hat seit dieser Stunde von Karl Stülpner eine Spur gesehen.

Gedenkstein in Scharfenstein

Einige sagten nachher, er habe sich aufgelöst, wie Pflanze und Stein sich eben auch auflösen im Wandel der Jahre. Andere meinten, so habe sich die Kreatur an ihm gerächt, die er ein ganzes Leben lang unerbittlich vor sich hergetrieben habe; der Hirsch habe ihn in einen der unergründlichen Stollen gestoßen, jenseits des Waldes bei der Teufelspringe.

Und wenn durch das Gitter der Stämme großes Rauschen wildert, Tage, Nächte, ganze Wochen lang, als schwirrten Bogensehnen, wenn Geweih und Gefieder in verstörten Rudeln umherstößt und das Raubzeug wie besessen aus seinen Schluchten auffährt, dann glauben sie, sein Geist stöbere durch die Forste, die Büchse schußbereit und unerlöst.

Dann neigt das Gebirge die uralte zerklüftete Wange im Zwielicht des Mondes und rühmt sich eines unersättlichen Weidgesellen und träumt seinem wildesten Sohne nach.« Das ist zugleich der Schluß des Romans.

Daß Max Wenzel diese Deutung nicht teilte, ist offensichtlich. Er griff auf eine Biographie zurück, die noch heute als die wohl autentischste gilt und machte sie zur Grundlage seiner Erzählung »Karl Stülpner's merkwürdiges Leben und Abenteuer als Wildschütz im sächs. Hochgebirge, so wie dessen erlittene Schicksale während seines unter verschiedenen Kriegsperioden und Nationen gethanen 25jährigen Militairdienstes. Von ihm selbst der Wahrheit treu mitgetheilt, und herausgegeben von Carl Heinrich Wilh. Schönberg«, 1835 in Zschopau erschienen, Reprint 1973 im Zentralantiquariat Leipzig.

Schönberg grenzt sich in seinem Vorwort entschieden von Friedrich von Sydows Buch »Der berüchtigte Wildschütz des sächsischen Erzgebirges Carl Stülpner« ab, das sich im Untertitel »ein biographisches Gemählde, der Wahrheit treu angelegt und mit romantischen Farben ausgemahlt« nennt und 1832 erschienen war. Er rügt, daß er die Lebensbeschreibung eines noch Lebenden ohne dessen Einverständnis verfaßt und »mit zu grellen romantischen Farben ausgeschmückt« habe. Seine Absicht hingegen sei, Stülpners »Leben, von ihm mir der Wahrheit gemäß mitgetheilt, von seiner Geburt bis zu seinem gegenwärtigen Lebensalter, in einer gehörigen Reihenfolge seiner erlebten Abenteuer und erlittenen Schicksale herauszugeben, um ihn durch den Erlös desselben, da er in seinem schon gesteigerten Alter so ganz isolirt hier steht, kein bestimmtes und festes Domicilium hat und, hinsichtlich seiner zitternden Hand und geschwächten Sehkraft, nicht vermögend ist, seine dürftige Existenz selbst zu sichern, seine betrübende Lage, so viel als möglich, zu erhellen und zu erleichtern.« Durch zahlreiche Subskriptionen aus fast allen Gegenden des Erzgebirges finanzierte Schönberg sein Vorhaben, und Stülpner zog mit dem Buch hausierend umher, sich so einen geringen Lebensunterhalt zu verdienen.

Ganz ohne Anleihen an v. Sydow und an C.G. Wilds Folge in der »Neuen Jugend-Zeitung« Leipzig, »Karl Stülpner, ein merkwürdiger Wildschütz« 1816, kam Schönberg nicht aus, aber er enthielt sich tatsächlich aller romantischen Ausschmückungen, jeder romanhaften Form und zeichnete Stülpners verwickelte Lebenswege in einem fast journalistischen Berichtsstil auf. Vor allem brachte er sie, was das Buch besonders wertvoll macht, in den Zusammenhang der Zeitläufte.

Schönbergs oft weitschweifige Darlegungen kriegerischer Ereignisse übernahm Max Wenzel freilich nicht, und zur Französischen Revolution des Jahres 1789 bezog er eine positive Stellung, aber er folgte dem Prinzip. Stellenweise scheute er sich nicht, Schönberg fast wortgetreu wiederzugeben, entwickelte jedoch aus dem vorgegebenen Material ein eigenständiges literarisches Werk.

Daß er dabei auch Zugeständnisse an das volkstümliche Stülpner-Bild machen mußte, versteht sich. Das betrifft vor allem die Liebesgeschichte, sein inniges Verhältnis zur Mutter und die Gegnerschaft des Gerichtsdirektors Günther aus Thum.

Was die Beziehung Stülpners zur »Wolffin« betrifft, so kommt sie bei Schönberg erst gegen Schluß des Buches in knappgefaßter Form vor: »Kurze Zeit darauf, als Stülpner wieder zu seinem Regimente zurückgekehrt war, verehelichte er sich mit der Tochter des Richters Wolf aus Scharfenstein, mit welcher er schon seit mehrern Jahren in näherer Verbindung gestanden, aber wegen seines frühern, unstäten und unerlaubten Lebenswandels die Einwilligung der Aeltern zur Trauung nicht erhalten hatte.« Wenzel hält sich an die historische Gestalt, die allerdings nicht Rösel, sondern Hanne Christiane hieß;

von der Geburt unehelicher Kinder wußte er augenscheinlich ebensowenig wie Schönberg.

Daß Stülpner der einzige Sohn und Ernährer seiner Mutter gewesen sei, gehört ebenfalls zur Legende. Aber auch Schönberg weiß nichts von Geschwistern, die überhaupt erst durch neuere Forschungen nachgewiesen wurden. Ihre Existenz schließt auch nicht aus, daß Stülpners Mutter nicht doch vorwiegend auf die Hilfe des Sohnes angewiesen war.

Unabdingbarer Bestandteil der Stülpner-Legende ist aber vor allem die Verfolgung des Wildschützen durch den Gerichtsdirektor Günther, der als »Bösenig« (Findeisen) der unerbittliche Widersacher des Helden ist, ausgestattet mit allen möglichen negativen Eigenschaften des Aussehens und des Verhaltens, ein echter Widerling. Max Wenzel versachlicht daran einiges, folgt aber der allgemeinen Tendenz, in der man auch nichts davon wußte, daß es sich um zwei Günther handelte, Vater und Sohn (siehe die biographische Tafel). Weniger verständlich ist jedoch, daß Max Wenzel darauf verzichtet, das von Schönberg vorgegebene Motiv dieser Feindschaft zu übernehmen. Er schreibt, daß Stülpner »einst seinem gestrengen Herrn Gerichtshalter, dem damaligen Inspector Günther aus Thum, nicht genug schmeichelnd und sclavisch-kriechend, sondern nach Soldaten-Manier etwas direct begegnet war, und ihn dadurch aufs Füßchen getreten hatte.«

Die tiefste Ursache für die Beliebtheit des Helden im Volke liegt aber darin, daß dieser Wildschütz nie als gewöhnlicher Wilderer galt. Bei Schönberg liest sich dies so: »...daß sich, vorzüglich bei seinem frühern stets ungebundenen zwangslosen Leben, zwar ein reges Gefühl für Recht und Unrecht in ihm gebildet, dabei aber in seinem wunderlichen obstinaten Kopfe sich auch vorzüglich in Bezug auf die Gesetze der Jagd ganz eigene Prinzipien festgesetzt hatten, von welchen er sich durchaus nicht wollte ablenken lassen. So hielt er z.B. alle in der Natur lebenden Thiere, die sich selbst ihre Nahrung suchen, und für ihren Aufenthalt keine bestimmte Wohnung noch Grenze haben, für das rechtmäßige Eigenthum eines jeden Menschen, indem gleichsam der Schöpfer denselben zum Herrn über sämtliche Thiere, um sie zu seinem Nutzen und Vergnügen anzuwenden, gemacht habe. Und vorzüglich glaubte er, bei Erlegung des Wildes um so unstrafbarer zu handeln, da dasselbe gerade zu jener Zeit, wegen seiner großen Anzahl, indem es damals noch überall gehegt wurde, für den armen Landmann eine wahre Pein und ein Jammer war, indem der oft mit sauerem Schweiß bepflanzte und besäete Boden in einer Nacht von ganzen Trupps von Wild zu Grunde gerichtet, und dadurch die Aussicht auf eine davon zu erhaltende Ernte traurig vernichtet wurde. – Deshalb glaubte Stülpner, durch Verminderung des Wildes, anstatt etwas Strafbares zu begehen, nur Gutes und Nützliches zu stiften, und legte nun bei dieser feststehenden Meinung schon damals den Keim zu seinem späteren Leben als Wildschütze.« Von dieser Meinung wich Stülpner niemals ab.

Ist das nur die Hartnäckigkeit eines »obstinaten Kopfes«? Gewiß nicht. In Stülpner verkörpert sich das uralte Gesetz vom Recht auf den Wald und der Krieg um den Wald zwischen Bauern und Herren. Wilhelm Heinrich Riehl, Vater der deutschen Volkskunde, schrieb 1853 im Band »Land und Leute« seiner »Naturgeschichte des Volkes«: »Der Wald gilt in der deutschen Volksmeinung für das einzige große Besitztum, welches noch nicht vollkommen ausgeteilt ist. Im Gegensatz zu Acker, Wiese und Garten hat jeder ein gewisses Recht auf den Wald, und bestünde es auch nur darin, daß er nach Belieben in demselben herumlaufen kann.«

Ursprünglich Gemeineigentum der Dorfgemeinschaften, dessen Nutzung genau geregelt war, verfiel der Wald im Laufe der Jahrhunderte feudalen grundherrlichen Besitzverhältnissen. Es ist hier nicht der Raum, auf die Vielfalt und Kompliziertheit dieser Vorgänge einzugehen, die manchen Wandlungen unterworfen waren und in denen sich auch noch manchmal Reste des Gemeineigentums erhalten konnten. Karl Stülpner war mit Feudalrechten über den Wald konfrontiert und mit dem, was Riehl »aristokratische Waldlust« nannte: »Die Waldbäume und das Wild wurden schonender behandelt als die Saatfelder der Bauern. Wollte ein grausamer Herr den Bauern recht empfindlich züchtigen, dann schickte er ihm das Wild über den Hals, und die Jagd, welche das Wild erlegen sollte, zertrat noch, was dieses nicht gefressen hatte. Der Krieg um den Wald drängte dem Bauersmann recht heiß die Frage auf, ob sich denn die alten Vorrechte der

Aristokratie auch wirklich vor Gott und Menschen rechtfertigen ließen.«

Und weiter: »Die furchtbaren Strafen, mit welchen im Mittelalter Forstfrevler und Wilddiebe bedroht waren, erklären sich nur als der Ausfluß der Erbitterung zweier um den Wald kriegführender Parteien. In diesem Kriege war das Standrecht erklärt. Der Wilddieb fühlte sich in seinem Rechte wie der Pirat, beide wollen keine gemeinen Diebe sein... Es gibt ganze Dörfer, ganze Landstriche in Deutschland, wo die Sitte heute noch Wilddieberei und Holzfrevel scharf unterscheidet von gemeinen, beschimpfenden Verbrechen. Einen Hasen in der Schlinge zu fangen ist für diese Bauern so wenig etwas Entehrendes als für einen Studenten den Nachtwächter zu prügeln.« Und Schönberg meint: »Doch ob es gleich allgemein bekannt war, daß Stülpners Lebensart keine erlaubte sey, und er gegen die Gesetze handle; so fanden doch die Bewohner der Gegend theils keinen Beruf dazu, sich seiner Person zu versichern, theils sah es ... der Landmann gerne, daß Stülpner seine Fluren und Saaten vor der Verwüstung des Wildes säuberte, und letzteres vertilgte, und daß durch sein Umherstreifen ihre Holzungen und Feldfrüchte gleichsam geschützt wurden, indem er dergleichen Gesindel, das auf Raub der Feldfrüchte ausging, nicht duldete. Und so war es bald wie ein stillschweigender Vertrag, daß jeder that, als ob er ihn nicht bemerkt hätte, und von seiner Existenz gar nicht unterrichtet wäre.«

Ja, er war kein bayrischer Hiesel und kein Schinderhannes, schreibt Max Wenzel in seinem »Reisesegen« und gibt damit den Grundton seiner Auffassung des erzgebirgischen Volkshelden, der für Findeisen letztlich doch nur ein jagdlüsterner Außenseiter ist und vom Wald bestraft wird in Gestalt des heiligen Hirsches, der dem Jäger Hubertus das Jagen verleidete. Sich auf eine weitgehend authentische Biographie stützend, gibt Wenzel seinem Stülpner Realität und historisches Gewicht.

Denn dieser Erzgebirgsdichter war Realist im besten Sinne des Wortes. Am 8. April 1879 in Ehrenfriedersdorf im Erzgebirge geboren, im »Stelznerhäusel«, schrieb er in seiner Kurzbiographie »Von mir über mich selbst«: »Meine Vorahnen sind durchweg Erzgebirgler gewesen. Mein Vater, dessen Eltern und Urelternimmer Bauersleute waren, stammt aus Niedersayda, er verwaiste früh und wurde in Freiberg aufgezogen. Meine Mutter stammt aus dem Drebacher Pfarrhaus. Mein Großvater, Urgroßvater und Ururgroßvater sind Pfarrer gewesen. Koch hießen sie, ein Name, der auch in vielen anderen Beziehungen in unserem Gebirge einen guten Klang hat. Meine Großmutter war eine geborene Schubert, ihr Vater besaß das Königswalder Hammerwerk, zog aber nach Annaberg und baute das Haus an der Wolkensteiner Straße, in dem sich jetzt der »Gambrinus« befindet. Er war verwandt und verschwägert mit der Familie Martin im Frohnaer Hammer. Das liegt aber alles weit zurück, denn mein Pfarrgroßvater ist schon in den fünfziger Jahren verstorben. Aber meine Mutter erzählte gern von ihrer Kindheit und dabei spielten der Stülpner-Karl, der Greifenstein-Ritter und andere Größen eine Hauptrolle.«

Max Wenzel verbrachte seine Jugend in Annaberg und war in dessen Umgebung an verschiedenen Orten als junger Lehrer tätig. »über Wiesa, Geyersdorf und Grumbach landete ich schließlich als Lehrer in Chemnitz. Das gute Grumbach hat mich zum Erzgebirgsdichter gemacht.« Als er am 4. September 1946 in Chemnitz starb, hinterließ Max Wenzel eine stattliche Anzahl von Mundartgeschichten, volkskundliche Studien, eine Anton-Günther-Biographie und zahlreiche Stücke für das erzgebirgische Vereinstheater, unter denen auch eins den Stülpner-Karl zum Helden hat. In »Der Halfer in der Basenschenk«, einem Einakter, der nach der Belagerung von Scharfenstein spielt, rechnet der ehemalige Wildschütz auf heitere Weise noch einmal mit dem ebenfalls gealterten Thumer Büttel Leberecht Schubert ab und sagt zum Schluß: »Ja, ihr Leit, der Stilpnerkarl is wieder do, oder net als Wilddieb komm ich wieder, der gnadige Harr von Einsiedel in Scharfenstä hot mer Vergabing verschafft un ich will sahe, daß ich in meiner Hamet noch zu en ruhing Labn komm! Oder wu ich e Uracht sah, do war ich komme mit Flint un Stacken, do kennt'r eich drauf verlossen!«

Rosemarie Zimmermann

INHALTSVERZEICHNIS

Meinem Stülpnerbuch als Reisesegen / 5 /

In der Höhle des Wildschützen / 7 /

Bei der Mutter / 32 /

Kriegerische Abenteuer eines Friedlosen / 40 /

Freiwild / 52 /

Der Helfer / 67 /

Wandlungen und Wendungen / 75 /

Die Belagerung von Scharfenstein / 85 /

Waldmüde / 96 /

Drei Mundartgeschichten / 108 /
Siebn Gager / 108 /
Der Hampel-Schneider / 109 /
Wie der Stülpner-Karl gestorbn is /111 /

Biographische Daten / 114 /

Nachbemerkung / 120 /